大是文化

法國媽媽的旁觀育兒

韓國 470 萬父母的育兒導師，
示範「不插手」教養，
遲到、依賴、不讀書、講不聽、
無禮……迎刃而解。

資深國小教師，
第一線執教超過十二年
崔銀雅——著
葛瑞絲——譯

엄마는 아무 말도 하지 않을 거야

CONTENTS

第二章

不必回應孩子的每件事

第三章

教養，從劃清界限開始……213

推薦序

以自己為起點的育兒之路

作家、KOL／蕾可Reiko

還記得在大兒子上小學前，某日我帶他到家裡附近的公園玩。他玩到口渴時，站在溜滑梯旁嚷著說：「媽媽，妳幫我拿過來好嗎？」對五歲多的他來說，明明自己走過來並不困難，他卻嘟嘴執意要我過去。

「寶貝，你可以自己走過來喝，我把水壺放在這邊！」結果他就是不肯移動半步。正當我與孩子溝通時，一位路過的婦女，面露不悅的說：「妳這個當媽媽的，怎麼這樣對小孩？不拿給他？他不是說很渴嗎？」對於突如其來的路見不平，我一時還沒反應過來，對方一陣碎唸抱怨後便離開了。

我的內心充滿矛盾與錯愕。矛盾的是，對孩子有求必應，有人會告訴我，這樣會寵壞小孩；當我讓孩子學著自己來、不配合他時，又會有人說這樣太不通情理、對孩子太嚴格。更令人錯愕的是，即便都是媽媽，對方也未必能同理自己的想法與處境，甚至僅憑片面就下定論。

那位路人離開之後，大兒子馬上跑到我身邊，以為是他害我被罵的，「媽媽，那個人好凶！妳不要難過，我可以自己喝水。」反倒在被兒子同理的瞬間，我心中的無奈就如冰雪融化。雖然在別人的眼中，我讓孩子獨立貌似冷酷、沒溫度，但這何嘗不是在一番自我掙扎後，決定放手讓子女成長。

育兒過程的矛盾與衝突，在日常生活中再熟悉不過，為了客觀達到旁人對媽媽形象的觀感，妳的心中是否也曾歷經無數次掙扎與無奈？

我想，許多媽媽們都感同身受，在育兒路上也經常遇到上述情境。

當我受邀為《法國媽媽的旁觀育兒》寫序，讀到作者崔銀雅分享的內容，便很有共鳴。每一篇都是過來人看了會極有感觸的血淚史，不只解開媽媽們沉重的責任桎梏，更點破——照顧孩子前，先照顧好自己的狀態；唯有紮穩腳步，才能負重前行，拿掉不必要的慈母包袱，善待內心的狀態與需求。

《法國媽媽的旁觀育兒》教我們從容面對人生大小事，用自在的態度體現生活，別忘了，人生可是掌握在自己手上（小孩的人生就逐步放手交給他們），對於社會價值觀賦予的不平等，我們可在作者的書中找到支持的觀點。留白才能創造餘韻，讓我們與孩子各自安好，一切美好。

㊮ 從崩潰到旁觀，我跟法國媽媽學的

「這像話嗎？」

我忍不住大笑。第一本書《自發性旁觀育兒[1]》剛出版時，我每天早上都會看讀者評論。在一片好評中，我發現了一顆珍珠——「你是叫我在孩子不懂時說：『原來你不懂啊！』這像話嗎？」這句話真是一針見血。

不管是溝通還是教育子女，我家書櫃就有多達三排的書，都是要媽媽反省自己。曾有朋友跟我抱怨：「我真的很生氣！書上說，媽媽一定要照顧孩子到三歲，但我就沒辦法，是要怎麼辦？所以，我後來都不太看書了。」

1 指不過度干涉孩子、從旁協助的教育方式。

我也是如此。很多媽媽明明都很愛孩子，卻因為經濟條件不允許、體力不允許，因此很難做到十全十美。

「但妳知道嗎？妳的書很好看。我不僅得到了療癒，而且書中的方法很管用，我做了移動式工具箱、買了跳繩，還有三個倒數計時器。」

透過這些簡單的實用小撇步，很多人學會坦率的與孩子對話，也讓育兒變得更容易、更輕鬆，並且對書中理念很有共鳴——**大人多愛自己一點，過得更幸福**。

我由衷的感謝大家，也希望所有人都能幸福的做個自私的父母，將這份幸福傳承下去。

從崩潰到旁觀育兒

有對夫妻朋友，在我家借住四天三夜後，問我：「妳家小孩很懂事，平常就這樣嗎？妳什麼都沒說，孩子就這麼自動自發？真神奇。」甚至還開玩笑說，我是不是在家都毒打孩子。

有一次，我把孩子交給婆婆照顧，她也跟我說：「妳真的把孩子教得很好，難怪妳可以出書！」

有些看過書的朋友還向我請益其他祕訣，因為雖然他們也很想旁觀育兒，但常常忍不住就幫孩子做好了。

「媽媽好聲好氣的跟你講，為什麼都講不聽？非得要我生氣？為什麼總是讓媽媽當壞人？」

其實，我曾對孩子大吼大叫，也覺得育兒之路很艱辛。產後，我飽受憂鬱症的折磨，除了要帶不到一歲的孩子，還得陪伴母親走完人生最後一哩路。而且，為了貼身照顧母親，我背著孩子每天在癌末母親病房打地鋪。生活辛苦到我幾乎快撐不下去，不僅累到連感謝媽媽今天還活著的餘裕都沒有，就連婚姻關係也岌岌可危。

好長一段時間，我把憤怒都發洩在孩子和老公身上。老大不睡覺、老二不吃飯，有時看到孩子在地上打滾哭鬧，我甚至一度想衝到戶政事務所辦理離婚。

當時的我完全失去了自己，在外面我總是偽裝自己，並且努力表現出積極、開朗的一面。但一回到家，便被這種虛假的善良徹底反噬——變得安靜、易怒，充滿負面想法。不管我讀多少育兒書，情況依舊沒有任何改變。

當媽以後，我就沒了自己。

而我現在之所以能自在又幸福的育兒，就是因為我終於找到了自己。**言語能反映出一個人的內心，當我心中有自己時，嘴裡就會說出好話**。

因此，我想告訴大家，**愛自己並不代表自私**，以及我是如何真正做到旁觀育兒，把自己從懸崖邊拉回來，並且持續至今。

除此之外，我還希望這本書能幫助更多父母，把一部分花在孩子身上的心力和時間，好好的用在自己身上。

別對孩子太過強求

我很常收到家長來信感謝，表示透過諮商，他們已經能夠開始理解孩子，親子關係也得到了改善。而與此同時，這些客觀的建議，也幫助我更客觀看待我與自己孩子的問題。

其實，以第一線教師的立場來說，有些教養問題並沒有一般父母想的嚴重。只要了解孩子與同儕之間的相處狀況，問題大概就能迎刃而解。

作為一位老師，我除了會和家長一起努力解決學生的問題，也會向其他資深媽媽請益。有時是直接問，有時則是在孩子的日記、報告或對話中，得到更多的想法。

而在提供家長諮商時，我也發現，有些優秀孩子的媽媽，在言談中總是流露出一股自在和從容。因此，我想對自己、也想對其他家長們說：「沒關係的，真的不要緊。」

我們總是希望孩子們情緒穩定，不哭鬧、溫和善良、懂得禮讓、有禮貌；或是平常上課很文靜，但上臺報告也能充滿自信；以及在公共場所要謹守秩序；甚至是希望孩子成績好，又過得很快樂。

然而，這對孩子實在太過強求了。更不用說，在教養孩子的過程中，許多家長常常會有各種擔憂和疑慮。

例如：擔心孩子太固執己見、個性太優柔寡斷；忘東忘西、動作太慢、個性太急躁；或是擔心自己對孩子不夠溫柔、對孩子太放縱、太嚴格；有些職業婦女甚至擔心自己無法照顧好孩子。

可是，**我都會說不要緊，真的不要緊**。

有些孩子喜好很明顯，喜歡或討厭全寫在臉上，雖然有時會造成人際問題，但他們在課堂上卻笑得很開心、回答得很有自信。而且，如果沒有這種有主見的孩子，老師很難掌握學生到底理解多少，也會影響到上課進度。

事實上，平時乖巧、上臺報告時又有自信，這樣的孩子並不常見。我喜歡文靜、認真聽課的孩子，也喜歡能自信回答的同學，因為他們總能帶動氣氛。有些孩子，雖然能同理別人、和對方成為好朋友，但有時也會因為太敏感而容易感到疲累。相反的，有些缺乏同理心的孩子，反而感到很自在。

上課最困難的，就是大家只想回答正確答案，而不是去思考或學習。然而，如果孩子們不用老師教，那也就失去了上課的必要性與樂趣。

所以，即使不知道答案，偶爾還是需要學生踴躍回答，並透過引來哄堂大笑，讓課堂氣氛更為熱絡；有時荒謬的答案，也能成為老師授課時的提示，為同學帶來更多討論和思考。

我也喜歡那些動作慢卻細心沉穩的孩子，他們往往是其他同學的好榜樣；當然，動作快的同學也很好，他們能幫助其他人。不過，如果一個班有三十個人，就會三十個人都不一樣，媽媽們也肯定都不一樣。

我想說的是，現在的妳已經夠好了，孩子偶爾犯錯也沒關係。**我們不需要執著於一定要讓孩子很幸福，而是大人自己也要幸福**。同時，也不要整日為親子溝通操心煩惱，因為妳的孩子和妳，跟鄰居家的孩子、鄰居媽媽都是獨一無二的，不需要與他人比較。

有些父母會嚴格管教孩子，這些小朋友們通常不僅很守規矩，對長輩也很有禮貌。

如果爸爸寬宏大量又溫柔，孩子對朋友也會如此；如果媽媽的情緒多變，在孩子面前不只表達一種情緒也很好。因為，這樣長大的孩子，開心時會大聲說開心，並且容易感動；在別人難過時，也會一起哭。即使是嗓門大、愛管閒事的媽媽也很好，因為孩子無論何時都很會照顧朋友，在幫助別人時，也會予以鼓勵。

如果能做到這種程度，我們就是非常帥氣的父母。如果你還是希望成為更好的父母，不妨試著改變說法。

「我說不行就是不行！」

→「**這次不行，下次再試試看！**」

「你連這個都不知道？到底要我說幾次？你是把我的話當耳邊風嗎？」

→「**我上次有教，你可能忘記了，是不是上次沒有仔細聽？**」

雖然意思都是不行，但同樣的一句話，只要改變心態，語氣就會好很多。

當七十分的媽媽，找回一百分的快樂

「所有人的人生都是七十分。在挑男人時，如果發現對方有很不錯的優點，那一定也有很糟糕的一面，反而要小心各方面都很優秀的人。記住，不用羨慕別人嫁得好，她老公肯定也是七十分。」

「多金醜男好，還是窮酸帥哥好？」在討論這種天真的問題時，一位歷練豐富、似乎早已看透人生的姊姊這樣說道。

二十歲時，我曾經非常羨慕別人，也曾因此而貶低自己。不過，她竟說所有人的人生都是七十分？

當媽媽後，我決心要成為一百分的媽媽，為了培養出一百分的孩子而費盡心思。但聽到這句話，我轉念一想，決定成為及格的媽媽就好，孩子也只要差不多及格就行了。

於是，我開始相信自己能成為好媽媽，也不太擔心孩子的缺點了。

你可能會問，這樣像話嗎？當然！只要告訴自己不是不及格的媽媽，而是平均七十分的媽媽就可以了。在母親臨終前，我切身感受到親人離世的痛苦，並向媽媽做最後的道別。那時，我也終於明白——這世上除了生死，其他都不足掛齒。

我也想告訴你，我曾經是一個會尖叫、訓斥和自責的媽媽；但同時，我也找到了和孩子們共處並且保持優雅旁觀的祕密。我的內心沒有一絲波瀾，並且能有所成長。

接下來我會介紹更多旁觀育兒心法、說話祕訣，也就是優雅的坐著，不打、不罵，也能讓孩子們主動做好——這些祕訣簡單到，讓你再爆氣也能好好說話。

第一章

管他大便還是大醬，親身嘗過就知道

很多媽媽因為照顧小孩，生活或心靈上缺乏餘裕，有時情緒起伏不定到就像個瘋女人一樣，前一分鐘還在發火，兩分鐘後笑了出來，五分鐘後又哭了。當然，產後的荷爾蒙變化也是原因之一，但家事堆積如山又是另一件事了。

一般來說，**在孩子三歲以後，育兒問題會稍微好轉**。換句話說，在這三年，我們應該多給孩子一些空間，盡量放手讓孩子去做、等待他自己去做。不管房子再髒亂，你都要睜一隻眼、閉一隻眼。當然，現在的我認為，媽媽情緒不穩、和老公大吵特吵，其實是很正常的。

所以，如果你總覺得沒有自己的時間，不妨保持旁觀者的心態，耐心等待孩子吧！**他不會一直是嗷嗷待哺的孩子，而是會和你一起生活的家人**，孩子終究會長大成人、甚至和父母變成好朋友。

這麼一來，你就能心平氣和的整理亂糟糟的家裡、打理邋遢的外表，婚姻關係也會迎來和平。尤其當孩子長大後，教育的責任就越重要，如果媽媽時時刻刻都要打理家務、教育孩子，還要收拾殘局，若是職業婦女還要兼顧工作，那就很難做好每一件事。

孩子的學習大致可分成五個時期：學習生活常規（幼兒期）、培養自主學習（學齡前）、建立讀書方法（兒童期）、獨立思考及學習（青少年期），以及未來職涯規畫（青年期），最後才是自立門戶。

在每個時期，只要按部就班達成目標就行了。

例如：幼兒期讓孩子練習刷牙、穿衣服，在學齡前努力玩耍並建立生活常規，幫助孩子培養出自主學習的能力。

如果一次給孩子們太多課題，他們可能就會做不好，必須等待孩子確實完成後，再進入下個階段。有些孩子連自己房間都整理不了，如果還要他好好念書，父母就會說出很傷人的話。例如：「你為什麼不寫功課？你看看你房間是什麼樣子？你怎麼連一件事都做不好。」

切記，**讓孩子們充分練習各時期該做的事，等他完成一件事後，再進入下一個階段。即使走得慢一點，只要能到目的地就行了。**

如果要訓練孩子獨立自主，就不要幫他做太多，暫時忍耐髒亂的廚房、亂七八糟的房子、快抓狂的自己。等待總會結束，到時就會苦盡甘來。

1 天賦，是等出來的

「高齡產婦[1]真慘，政府的補貼不夠就算了，還要檢查一大堆……。」三十多歲的孕婦朋友對孩子早已上學的我如此說道。

朋友說，她很羨慕我年輕時就生了小孩，高齡產婦不僅容易產下畸形兒，還可能引起併發症，並提到從懷孕開始就這麼辛苦，她很擔心以後要怎麼撫養孩子。

「年紀大了，我還有力氣帶孩子出去玩嗎？光想就覺得累！我既沒體力、也沒心力。」

「連帶孩子出門的力氣都沒有嗎？放心，你的孩子會成為英才的。」

在我剛當上教師時，家庭環境評量表[2]上面會列出家長的出生年月日，因此我能推算出家長的年齡（現在已無法得知）。令人印象深刻的是，當時有些孩子其實資質還不錯，即使現在成績不好，但未來勢必大有可為。而這些孩子父母的共同點，就是都很晚才生小孩。

根據英國千禧世代研究機構（Millennium Cohort Study，簡稱ＭＣＳ）的調查顯示，超過三十五歲的媽媽所生下的孩子，在七歲時其認知能力比同齡孩子更優秀。

為什麼？因為帶小孩很辛苦，父母的體力不支。再加上，懷孕和生產的過程本身就很吃力，高齡產婦恢復的速度也比較慢。

她們不像年輕媽媽很會蒐集資訊，即使知道可以去哪裡，也沒有體力帶子女到處玩或接送，但這種育兒方式卻能造就優秀的孩子。研究結果還指出，這類父母的年紀大，因此在教養方面，心態也較為穩定。

1 指三十四歲以上的孕婦。
2 類似臺灣的學生綜合資料表，也稱作A卡。

雖然高齡父母因為體力不足，所以沒辦法帶孩子做些什麼，但實際上，**父母信任、等待孩子的那種從容自在（自發性的旁觀態度），正是培養出優秀孩子的關鍵。**

當然，善於蒐集資訊、體力好的父母，為孩子拓展各方面的能力、帶孩子到處走走也不錯，但是**對子女真正有幫助的是，父母在旁靜靜觀察，讓孩子尋找自己想要的東西。**

「媽媽，朋友在做那個，我也想試試看。」

「好啊！你去問問看要怎麼做，自己想辦法。」

父母不需要干涉過程，只要判斷孩子的方法是否正確就行了。**如果方法是對的，即使他做錯了，也要在一旁關注，讓他繼續嘗試，然後等他自己找出正確的方法。**光是做到這點，孩子就會自己找到辦法。

在諮商的過程中，我發現家長普遍缺乏耐心、沒辦法等待。但真正優秀孩子的父母，即使再著急、焦躁不安，也會等到學期末再檢視學習成果。當然，這並不容易，因為教育並非一蹴可幾。要孩子改掉壞習慣，可能要經過一學期，甚至等到升上一個年級。

我曾遇過一些高齡產婦，還有以旁觀者育兒的父母，他們都把孩子教得很好。而且，在升上國、高中後，學生們的成績也都很不錯。但我很清楚歸根究柢，都是孩子們腳踏實地、父母耐心等待所造就的。儘管在小學一開始有點跟不上，但他們很快就會找到自己的方法。

「好啊！你去找找看。」

為了培養出孩子的天賦，節省自己的體力吧！將你想要努力尋找答案的體力，花在等待孩子上吧！我希望父母能從容的將體力傾注在自己身上。

孩子必須為自己負責

「媽媽不是已經好聲好氣，跟你說了好幾次了嗎？」

就像教養書裡寫的，我溫和的說了好多次，可是無論我提醒多少次，孩子就是不聽。

雖然我明明看過書、也畫重點了，有時讀到激動處還會偷偷擦去眼角的淚水，並滿懷愧疚的下定決心一定要當個好媽媽，但最後還是生氣了。

所以，我真的很討厭自己，更不知道在Instagram、YouTube，儲存那些育兒對話的影片有什麼用。然而，我也擔心，責罵會影響親子依附關係，或是導致孩子的大腦發育遲緩。一想到今天我傷了孩子的心、毀了孩子的一天，就令人快要窒息了。

「你乖乖不要動，就是幫我忙……。」

「失誤，是你實力不夠。」

「如果要用這種方式，乾脆不要做……。」

「如果你不想做，就不要做……。」

「這是誰讓你做的？」

「我數到三，不准再哭！」

到底要怎麼說才好？你是否也經常這樣說？

我想，世界上應該沒有父母從未說過這樣的話，即便真的有，他們的耐心也許就快要耗盡，怒火即將爆發。

雖然這僅僅只是我個人的看法，但說這些話的父母其實再正常不過了，代表你想要好好教孩子。

其實，這些話並沒有對錯。我們之所以會這樣說，大都是希望孩子們能養成好習慣、避免受傷，或是未來能過上更好的生活。

然而，**孩子們並不知道大人為什麼會說這些話，只記得我們的眼神、表情和語氣。**

「原來如此，原來你不想做！」

「原來如此，你因為做不好，所以很難過！」

如果情況只是偶爾發生，那世界上所有媽媽都可以很溫柔。但是，孩子每天都重複同樣的行為，父母真的會忍不住懷疑，就是因為自己太好說話，所以孩子才不聽話。

其實，這些憤怒並非毫無來由，而是長期忍耐下來的結果，現在只不過是將怒氣一次爆發出來而已。明明對孩子好聲好氣，到頭來卻更生氣。就像想要減肥時，就特別想吃；或是想把事情做好，就越擔心自己做不好一樣——越想好好教導、好好跟孩子對話，就越不順利。

我決定把孩子的生活留給孩子，自己過好自己的生活就好，我不想努力成為親切的好母親，而是告訴自己及格就好。這樣一想，心裡就舒坦多了。

最後，我決定選擇「不說話」。因為我經歷過太多次想要好好說話，結果反而情緒失控，也讓我感到很後悔和自責，所以我選擇保持沉默。

有句話說：「船到橋頭自然直。」是指很多事不必過度操心。

因此，**我盡量不干涉孩子，把所有的責任都交給孩子。結果發現，孩子比我想的還要堅強，並且願意為自己的行為負責**。其實，學齡前的孩子只需要準備上學、寫作業和睡前刷牙，但我卻給她們太多壓力。現在想想，真是既可笑又幼稚。

老大讀完小一上學期後，由於老公在法國的國際機構工作，所以全家人只好跟著搬到法國。於是，在韓國擔任小學老師的我，到了陌生的法國，突然間成了全職家庭主婦。

來到法國後，由於我不懂法文，無法盯孩子的作業或過問太多學校活動，所以很多事都是從孩子口中得知。尤其在法國，學校不會主動提供通知單，孩子必須靠自己去適應。

以前老大很好動、容易分心，我總以愛和關心之名多管閒事，但現在我擔心這些舉動反而造成她的負擔。所以，除非孩子主動翻開作業，否則我不會打開她的書包，連一次都不會。我還跟她說，什麼都不懂也沒關係，只要乖乖坐在教室裡就可以了。

上學一週後，某天她拿出自己記下的功課範圍，因為字跡潦草到我實在幫不上忙，所以只能叫她自己去問老師。後來，她就知道要如何做筆記了。

孩子回到家後，我除了問今天過得怎麼樣、學校午餐吃什麼，我幾乎不會再過問學業。不，是問不了。最多就是，因為孩子想練習寫字，我幫她買筆記本。

後來，她跟我炫耀單字考到全班最高分。就這樣，兩個孩子到法國一年後，從英、法語加強班，終於轉到正規班。

坦白說，看著不會說英、法文的孩子們，我曾感到很動搖，但是孩子們能在一年內轉到正規班，就像是我的育兒成績單一樣，這結果令我非常高興。

現在，上小二的老大和滿五歲的老二，吃完飯後，會自己寫作業，然後拿家長通知單給我簽字。在睡覺之前，孩子們會事先準備好明天的衣服，然後再拿自己想看的書到床上。我只要說：「孩子們，晚安！」一天就結束了。

經過一番努力後，我終於獲得了平靜。

我的朋友們對這件事都感到很驚訝，事實上，比起說出好聽、溫柔的話，我只是設法不說話而已。

旁觀育兒祕訣

盡量不干涉，把責任都交給孩子。

2 想要好好說話，就先不說話

「欸，媽媽是跟在你後面打掃的人嗎？媽媽不是你的清潔工。跟你說過多少遍了，東西要自己收好！房間跟豬窩一樣，你睡得下去、讀得了書？」

我們從小到大聽慣這些話，現在卻也成了不停嘮叨的媽媽——孩子的房間一團亂，不僅桌上亂七八糟，如果空間不夠，還會把東西堆在餐桌上。有時連房間走道都沒有，就會開始占領客廳地板。這就算了，寫個功課，滿地都是橡皮擦屑。

媽媽會對孩子嘮叨，當然有些話是非說不可。不過，為了改善這種情況，應該要建立一套免嘮叨的方法。比方說，孩子至少要主動做家事。

來到法國後，我曾與不同國籍的人聊到男人做家事的話題。我老公說，他從小到大沒做過任何家事，於是外國朋友還問他是不是「王子」。因為在外國，他們七歲就得向父親學習摺棉被和洗碗，以及擦拭流理臺。老公則回答：「家事都是媽媽在做。」外國朋友聽了都大吃一驚，直呼不可能。

不久前，韓國有電視臺探討韓法異國婚姻的家庭中，孩子早上起床後會自己準備上學，這讓法國育兒一度蔚為熱潮。但我認為，這是飲食文化的差異，不能就此評斷孰優孰劣。

舉例來說，韓國早餐吃熱飯和喝湯，因此不可能讓一、兩歲的孩子自己準備早餐，大部分的父母會等食物放涼後再餵飯。但是，我們也能參考異國文化，**教孩子主動做自己能做的事**。

教育孩子、給孩子機會，讓他自己去做，不僅能栽培出具有領導力的孩子，也能讓媽媽輕鬆一點，而且比起凡事親力親為，這種方式更能緩解育兒壓力。

更進一步的說，**我希望家長能意識到，大人的情緒會影響孩子的成長。如果爸媽不開心，孩子的心裡也會不好受**。

法國小學生看時間準備早餐

比方說，我會**規定孩子們在時間內完成該做的事**。例如，早上起床後，整理好棉被和睡衣才能出門。

即使時間來不及，我也不會說：「要遲到了，妳趕快出門，我來整理！」相反的，我會說：「妳要遲到了，趕快整理好出門！明天一定要提早起床！」也就是說，**孩子仍然必須自己收拾東西**。雖然孩子會頂嘴說，反正遲到也不會被老師罵，**但為了讓他們感受到自己造成的不便，所以即使校門要關了，我也不會趕著送孩子到學校**。

在法國，校門八點半就會直接關閉，以韓國父母來說，這時通常會拜託警衛讓孩子進校。只不過韓國小學的校門和出入口是全天開放，所以孩子即使遲到，也可以自己走進教室，但是法國的學校就不同了，為了孩子安全，除了上、下學的十分鐘，校門和出入口一律都會關閉。

因此，在不得已的情況下，例如交通問題等，我會幫助孩子進入學校，但如果是孩子拖拖拉拉，我就會把車停在校門口，讓小學低年級的孩子試著自己解決問題。

結果，從第二天開始，孩子一起床不僅會自己摺棉被、將睡衣掛在衣架上，也會在前一天晚上先準備好衣服。重點不是多乾淨、多整潔，而是孩子能自己收拾東西。

雖然早餐大都由我張羅，但有時老公也會準備，或是大人都很忙碌的時候，就讓孩子們自己準備，例如從盒子裡取出小菜裝盤，從電鍋裡盛飯來吃。

老公要上班、我要上法文課，所以我們全家八點就會出門。時間到了，孩子們早上會自己起床，五歲的老二也不例外。老公吃完早餐會把碗盤放進洗碗機，我會簡單整理家裡、用吸塵器吸地，孩子們則是自己準備要帶去學校的零食和水壺。需要冰水就倒冰水，需要兩罐就帶兩罐水，她們也會在自己的水壺貼上姓名貼，我頂多就是說：「都拿好了就上車。」

大家都說我很勤奮，要照顧孩子、做家事、寫作，還要去學校上課和運動，怎麼有辦法做這麼多事，但事實並非如此。因為孩子們會一起分攤家事，早上的分工也非常明確，所以我只需要整理主臥室和公共空間。

當然，偶爾還是會忍不住嘮叨兩句，但我覺得孩子們長大後，就不太需要嘮叨了。現在上小二的老大和五歲的老二，除了會自己整理書包，在我念法文的時候，也會一起做作業，晚上則會一起念書。每天洗完澡，孩子們也會自己換睡衣。

雖然有時簡直快要氣炸了，但是就讓我們再等待一、兩年，先讓孩子自己做吧！**如果我們多專注於孩子的成長，而不是受限年齡或大人的期待，孩子就會越做越好**。當他們能做更多事且完成度更高時，媽媽就不用跟在後面收拾東西、嘮叨。

這麼一來，剩餘的時間和精力都能用在自己身上。而花在自己身上的能量會帶來新的能量，對孩子來說是等待，對老公來說是寬容。

不停的嘮叨、幫孩子代勞，然後因此而生氣並自責——我認為，父母應該要打破這樣的循環，而不是只想對孩子說好聽的話。

如果大小事總是由父母一手包辦，雖然當下看似沒有問題，但十年、二十年後，反而會導致孩子過度依賴父母，小自家事，大至出社會以後的生活，都需要別人的幫忙。我就曾聽過，大一新生的媽媽打電話到助教辦公室說孩子很怕教授；還有父母在送兒子入伍後拜託軍中長官，幫孩子舉辦慶生，然後拍照寄給他們。

旁觀育兒祕訣

給孩子戴手錶

給孩子戴手錶，試著讓他們承擔責任。當然，孩子可能還是會遲到。就像大人設鬧鐘一樣，有時能馬上起床，有時也會睡過頭。要讓孩子學會承擔責任，就讓他戴上手錶，設定起床時間。

然後，父母什麼話都不要說，即使會遲到，也不要趕著送他上學，讓孩子自己承受後果。這麼一來，孩子就能自己準備上學。

3 給孩子的指令要簡單再簡單

「這是豬圈嗎？你是住在垃圾堆嗎？這是房間嗎？給我馬上**全部**清乾淨！」

「你寫這什麼字？誰看得懂？你是在鬼畫符，還是在寫字？**全部**擦掉！」

「寫錯，就代表你實力不夠。**全部**重做。」

「這是0、6，還是9？你連數字都不會寫嗎？**全部**重寫！」

孩子知道房間亂七八糟，像豬圈一樣，也知道自己字寫得不好。問題是「全部」，他不知道什麼叫做「全部」重來。

小時候，我不擅長整理、字寫得不好看，也不太穿白色衣服（按：這裡指衣服不容易髒汙）。直到結了婚，擁有自己的家庭，我才知道吹頭髮時頭髮會掉在地上。

我以前也不懂為什麼媽媽每天都要用吸塵器吸地，等到自己有了小孩之後，我才明白——媽媽之所以會不停嘮叨，其實只是希望孩子能整理一下房間、收拾一下玩具、字寫得好看一點。

而現在的我，**在教學中找到了最不用嘮叨的方法，也就是「啊哈經驗[3]」**（Aha experience，亦稱為頓悟），將嘮叨用來刺激孩子的內在動機。

在啊哈經驗中，最容易引導孩子說出「啊哈！」的方法，就是根據孩子能理解的經驗，逐步提升難度，再引導至下一個階段。也就是說，不用一開始就做到最完美，而是先讓孩子覺得「我能做到」或「值得一試」。

這和蘇聯教育心理學家李夫．維高斯基（L. S. Vygotsky）提出的「鷹架理論」（Scaffolding Theory，又稱支架式教學），亦有異曲同工之處。

鷹架理論是指，先了解孩子目前的能力，在現階段和目標階段之間架設小階梯，再提供足夠的支援。

3 指在頓悟問題的解決過程，突然發現可能解答時的反應。

我在結婚前扛不動一袋二十公斤的米，但是在照顧三公斤重嬰兒的過程中，力氣越來越大，甚至能單手抱起二十公斤重的孩子。雖然無法一次就做到，但從三公斤到五公斤，再從五公斤到十公斤，臂力就這樣訓練起來。嘮叨，也要像這樣，讓孩子在不知不覺中提高能力。

指令要簡單、再簡單

不要說：「把玩具都收起來。」而是指著大籃子或大塑膠桶，說：「把玩具裝在裡面。」

「把積木都裝在這裡。」

「挑出玩偶後拿過來。」

「這裡面只能裝垃圾。」

依孩子的能力，將任務分好幾個步驟後，再叫他將玩具分類。比方說玩樂高或積木，可以讓孩子先鋪一塊布，然後在上面玩，這樣收拾起來就會很方便。同樣的，當孩子想要做些什麼時，最好先給他一個垃圾袋，提前準備好可以丟垃圾的地方。

有些字寫得潦草的孩子，其實想像力都很豐富，腦袋中也有許多想法，只是因為書寫的速度跟不上，所以字跡才會越越來越潦草，有時甚至像在畫畫一樣。這時不妨請孩子自己讀出來，或者是由大人慢慢唸給他聽，然後讓他自行調整、修改。

「這個內容真的很有趣、很棒，但是有些字我看不懂，好可惜喔！你可以再寫一遍嗎？只要寫這部分就好。」

「你這句話寫得真棒。我們盡量寫漂亮一點吧！」

「哇，寫得真好耶！我還以為你不太會寫，原來不是這樣啊！」

這樣稱讚孩子，他下次就會更用心寫字。雖然比起內容，大人往往更著重在筆跡，但我希望家長能先注意到孩子的想像力，並給予適當的稱讚。

假設孩子數學經常算錯，父母在解題前可以說：「這題再重算一次，其他題算錯沒關係，你只要花心思算這題就行了，也可以驗算看看。知道嗎？」因為壓力減少，孩子寫其他題就會更專心。

要是針對算錯的地方，一直指責、批評，他反而更容易出錯，應該要說：「我不知道這是0，還是6。要是別人以為你算錯了，那就太可惜了，對吧？這次要好好寫。」

對於畫畫馬馬虎虎的孩子，可以先稱讚，再提出下一階段的任務，讓孩子再畫仔細一點。

比方說，當孩子完成作品時，我不會一味的稱讚，我會說：「哇！你畫得很棒！如果旁邊有一、兩棵樹就更好了。」

孩子回房間後，我就可以休息一下子，之後如果孩子畫好一棵樹，我就會說：「哇，不錯耶！有樹真好，旁邊有什麼東西更好呢？是長椅？還是雲？」然後叫他回房間繼續畫。

接著，再說：「上色後應該會很好看吧？」然後同時準備好顏料、粉蠟筆、麥克筆、油性筆、彩色筆、色鉛筆、簽字筆等工具，讓孩子繼續畫畫。

換句話說，任務要分階段提示，如此一來，爸媽就能暫時休息片刻。我老公都說，我支開小孩的方式非常高明。

與其思考如何溫柔說話，倒不如想想不用嘮叨、怎樣才能不說話。其實，我只是用各種新名目改變環境，或是將家事細分，努力打造出讓自己更輕鬆的家庭環境。

綜合上述方法，現在無論在哪裡，我都能與尖叫、賴床、耍賴、頂撞的孩子們度過和平的時光。

我並沒有要改變孩子，而是改變我自己、改變環境。

在改變孩子的環境後，孩子改變了，我也變得輕鬆。雖然育兒之路很漫長，但是每次我都會不斷的思考並且多關注自己，與孩子溝通、共同成長。

旁觀育兒祕訣

想改變孩子？先改變你自己、改變環境。

✕「把玩具都收起來。」

○「把積木都裝在這裡。」、「挑出玩偶後拿過來。」、「這裡面只能裝垃圾。」

4 說教沒用，體驗就會記住

「那個包包太美了。天啊！我真的很想要！」

「不行！」

想像一下，當妳在百貨公司專櫃前徘徊著說：「這包包真美，我好想要買！」老公卻一口回絕時，妳會有什麼感受？有時我們並不是真的要買，只是因為很想要說出來而已，只不過是經過櫥窗前看了一眼，隨口說說而已，老公卻這般煞風景。

同樣的，當孩子們在文具店看到漂亮的戒指時，說：「戒指好美喔！我好想買。媽媽，可以買給我嗎？」如果媽媽說不行，孩子可能會因為被拒絕而感到難為情或惱羞成怒；這時不妨說：「天啊！粉紅色的戒指真漂亮。媽媽也想買，但是很抱歉，我沒辦法買給你。待會跟媽媽一起吃好料，好嗎？」

只要一出門，各種可愛卡通人物、零嘴甜食每分每秒都在誘惑孩子。不過，我家的孩子現在已經很少在外面吵著買東西，甚至老二的同學媽媽還曾問我：「妳到底是怎麼做到的？妳們家的老二怎麼會說：『我要買什麼，媽媽都會買給我？』」

其實，這是因為我總是說：「媽媽也是。」

「我想吃棉花糖，可以買棉花糖給我嗎？」

「哇，看起來真的很好吃，媽媽也想吃耶！」

當我說完一轉身，孩子就會在我身後說：「媽媽，買棉花糖給我。」當她的語尾拉長，我就會再說一遍：「媽媽也覺得看起來很好吃。妳一定很想吃！」

比起「原來如此，原來你想吃棉花糖」，這樣說孩子不僅不會耍賴或哭鬧，家長也可以用合理的原因，打消孩子的念頭。例如：

「媽媽現在也很想吃棉花糖，可是現在沒有可以洗手的地方，這樣會很不方便。待會我們會去咖啡廳，再買棉花糖或者一起吃冰淇淋，還是喝點果汁，如何？」

前提是，孩子必須知道吃棉花糖有多不方便。因此，我會**故意讓孩子體驗這些不方便**，並且讓他們了解——「現在買棉花糖來吃，手黏黏的會很不方便。這樣你還要吃嗎？」**先告知不便之處，再確認孩子的意向**。

當然，大部分的孩子還是會想吃。如果孩子吃完後，因手上或臉上黏黏，感到不適而哭鬧時，我們這時就可以對孩子說：「吃了棉花糖，手會黏黏的，很不舒服吧？」

我家的老二是個急性子，有時一想起之前不便的經歷，就馬上同意了。他還會主動說：「吃完後手會變髒，我晚點再吃。」

為了讓孩子遠離危險，有些父母會禁止孩子碰會發燙的東西，但其實讓孩子碰一點也無妨，只要不要燙傷就好；還有，吃辣也是，不必完全禁止孩子吃辣，而是讓他稍微嘗點辣的滋味。當天氣冷時，如果孩子想穿涼鞋出門，就讓他感受一下寒冷。

如果父母希望孩子聽話，就要讓孩子自己去體驗，但也不需要說：「你看！手弄得黏黏的，我不是叫你別吃嗎？」

因為，這對孩子來說，也是一種學習和體驗。

所以，當孩子在不舒服的情況下哭鬧或耍賴時，不要罵：「是你叫我買的耶！我早就跟你說過了！」而是說：「很不方便吧？下次就算想吃，也要先忍耐一下！」

一直吵著要買東西？媽媽也很想

如果孩子路過想買東西，就說：「媽媽也想買。」然後轉身走開。如果孩子說他想吃什麼，就跟著說：「媽媽也想吃！」、「媽媽現在也想喝冰咖啡！」或是：「聽你這麼一講，我突然也有點想吃冰淇淋了。再忍耐一下，我們走到那裡就好！」

父母不能一味的禁止孩子，只要讓他知道：**爸媽現在也想，但是我們都在忍耐**。

不過，也有像我們家老二這樣的孩子——無論是超市、文具店還是藥局，總是看到什麼就想買，一不順她的意，就在地上打滾耍賴。當我說：「媽媽也想買，但沒辦法買給妳，對不起。」她就會回嘴：「只要買就不用對不起了！」還會不斷大聲喊叫，完全聽不進別人說的話。

這時，只要說：「你真的很想買呢，我們走吧！」**用一貫的態度保持父母的原則**就行了。

不需要斥責或生氣說：「我說過不行了！」或「我說不行就是不行！」帶著哭泣的孩子繼續買東西，或是一直看著哭泣的孩子就夠了。

幾次之後，孩子會知道「大人說不行就是不行」。**比起跟哭泣的孩子吵架或是斥責，有時不做出反應，管教反而更強而有力**。

對孩子來說，當他們看到父母把蔥、大蒜、豆腐放進購物車，會納悶：「為什麼大人可以想買就買，卻不讓我買？」其實，老大也曾這樣問過，所以後來去買菜時，我都會給孩子們「任務」。

「我今天要做你們最喜歡吃的排骨湯，幫我找一下大蒜在哪裡！」

「去拿你們想吃的優格吧！」

如果食物不好吃，我還是會先買下來，等回家吃完後再說。雖然花錢買經驗會讓人心痛，但光是讓我不用和孩子打仗，我就心滿意足了。

某次老二纏著我，叫我買些看起來不好吃的水果，我問她：「這個看起來不好吃，妳可以接受嗎？」雖然後來還是買了，但回到家她吃完之後，說：「真的不好吃，我不該買這個的。」

一直到五歲，她才開始明白有時堅持並不一定是好的。

換句話說，先讓孩子去做自己想做的事，他很快就會明白「不聽媽媽言，吃虧在眼前」。

讓孩子嘗嘗是大便還是大醬吧！**不舒服的經歷，有時是開啟親子間和平對話的鑰匙，然後只要說「媽媽也是」就行了。**

旁觀育兒祕訣

✕「我說過不行了！」、「我說不行就是不行！」

○「管他大便還是大醬，親身嘗過就知道。」「比起跟哭泣的孩子吵架或是斥責，有時不做出反應，管教反而更強而有力。」

5 犯錯怎麼辦？再學一次

「老師自己教孩子不是最好，就是最壞。」許多前輩經常這樣說。坦白說，我以前完全無法理解這句話，如果自己是老師，肯定能好好養育孩子，不是嗎？

然而，在小孩出生後，我就懂了。

無論孩子想不想，都會被貼上「老師小孩」的標籤。當她還小時，旁人會說：「她媽媽是老師，應該很懂事吧？」隨著孩子長大，又會變成：「她媽媽是老師，應該很會念書吧？」如果孩子做錯了，周遭人便開始指指點點：「她媽媽是老師耶！怎麼會那樣？」我原本想保護孩子，但仍免不了遭受異樣的眼光。一直到，我以老公讀研究所為由向學校請育嬰假，搬到一個完全陌生的地方，我才能拋開別人的眼光，稍微安心的帶孩子。

我在大學認識的朋友，現在都是老師，因此有時帶孩子參加聚會，我們會因為彼此的語氣太像而放聲大笑。該怎麼說呢？

老師們不喜歡給別人添麻煩，尤其是對自己的孩子。當學校的孩子出現問題行為時，我們會好言相勸，甚至覺得可愛。然而，當自己的孩子出現同樣行為時，卻無法寬容以對。例如：

「不行！」、「不可以！」、「夠了！」

「欸！你不能那樣說話！」、「你不能那麼做，請好好道歉！」

「你應該要先把事情做好！」、「你認真一點！」、「坐正！」

「事情全部都做完了嗎？」

「媽媽剛剛說什麼？你再說一遍。」

儘管有人會說：「放過自己吧！拜託，他們已經做得很好了。」但哪怕只有一點問題，老師們也不能有絲毫鬆懈。所以，當一群老師帶著孩子聚餐時，大家都忙著各自對孩子嘮叨，根本無法好好聊天。

確實，有些孩子在父母的嘮叨下能茁壯成長，他們是「最好」，也有些孩子因為受不了父母的嘮叨而叛逆，他們很可能就是「最壞」。在完美媽媽的嚴格管教下，期待孩子好好長大，難道是一種奢求嗎？

在諮商的過程中，不僅要發掘孩子的優點，同時還要了解缺點，並找出改善的方法。但是，有些父母一想到孩子的缺點，常常說著說著就哭了起來。這類父母往往比較敏感、纖細，對教育也非常嚴格，當孩子的行為有可能傷害到別人時，就會令他們感到自責。

即使這件事並未發生，他們也無法原諒自己或孩子有任何失態、失言，並會因此懷疑自己的教養方式，而開始反省和自責。

這些父母總是追求完美、不想造成別人麻煩，並且希望自己的孩子不為朋友和老師帶來任何困擾。因此，無論是作業、該帶的東西，還是家長回條，都不會逾期；他們的孩子也總是乖巧、守規矩、端莊有禮，懂得禮讓和付出，盡量不麻煩別人。

然而，孩子總會有犯錯的時候，連我自己也會擔心，在諮商過程中會不小心說錯話。

犯錯怎麼辦？只要再學一次就好

很多父母認為，即使一整天跟孩子相處得很愉快，但只要有一〇％的時間，接收到孩子的負面情緒或聽到哭聲，一整天的好心情就毀了。

這種心態其實就是問題根源。嚴重一點，甚至會將孩子視作問題兒童，或是對任何事都持否定態度。在與家長諮商時，我有時會因為心疼而落淚。尤其在現代，許多父母迷失在資訊的洪流中，經常因為小事，把孩子帶到諮商中心。

孩子可以那麼做，但大人不行；反過來說，大人不能那樣，但孩子可以。也就是說，孩子在大人的保護下，可以犯錯並從中學習，為將來邁入社會做準備。但大人如果偷東西就會被警察抓走、打人滋事可能就會被起訴。

「這種行為是不對的。在不知道的情況下犯錯情有可原，但明知故犯就是錯的。今天學到了，對吧？下次再做這種事，會怎麼樣？」

孩子們都會回答「被罵」，無一例外。

但是我會說：

「不，只要再學一次就行了。在你完全長大、離開老師和父母的保護之前，只要重新來過就行了。老師會繼續教你。知道了嗎？」

孩子們會從錯誤中學習新知。

當家長能摒除完美主義時，就會出現另一個良性循環：當其他同學犯同樣的錯誤時，他們就會理解並產生包容心。

我希望大家能多一點從容，**不要讓教養只剩下對錯**。要適當的稱讚，也要適當的責備。讀書和玩樂、教育和稱讚、嚴厲和溫柔、關心和冷漠、不懂裝懂和睜一隻眼閉一隻眼、笑容和眼淚。

在撫養孩子的過程中，我們更需要這一切；需要完美的一天，也需要犯錯的一天，但不需要因為一件小事，過度檢討自己。

旁觀育兒祕訣

不管是父母還是孩子，
需要完美的一天，也需要犯錯的一天，不要讓教養只剩下對錯。

6 嚴格不是吼叫，是堅持底線

根據國語辭典，嚴格是指「嚴謹遵守一定的標準」。

總結來說，大部分會念書的孩子家長都很嚴格，孩子不僅守規矩，上課的態度通常也很好。或者應該說，會遵守校規的孩子，學習態度和成績大都比較優秀。

然而，也有一些很會念書，但不太遵守規則的孩子，我稱之為「散漫的聰明兒童」。事實上，這類孩子更難指導。所以，比起課業成績，學霸的家長往往更注重孩子的規矩、禮貌和態度。不過，這種方式確實也能帶來良好的學習效果。

當然，也有人認為，小時候能玩就玩，即便許多父母又擔心孩子過度玩樂。

其實，從學校的角度來看，教育是為了培養孩子的生活技能、未來就業所需專業知識，以及自主生活的能力，並透過課程打造競爭力。

因此，孩子必須接受義務教育，學習社會所需要的知識。如果沒有上學，至少也要在家中自學。

也就是說，孩子需要學習生活中的基本知識、權利和義務，並掌握使他們能過上有尊嚴的生活的知識，而不僅僅是玩樂。

而會念書孩子的家長，會讓孩子該玩就玩，該念書就好好念書。如果是該做的事，就一定要鼓勵孩子貫徹到底；如果不是非做不可，就會讓子女好好休息——堅持底線，其實就是一種「嚴格」的教養。

念書是勉強不來的？

國小高年級的孩子當中，有些人會自己完成作業，但大多數孩子仍需要大人引導。當孩子們不願意時，很多父母會擔心自己是不是在逼迫孩子。但是，大人不能因為對孩子感到抱歉和難過，就不嚴格教導。

這裡的**「嚴格」並不是指大吼大叫，讓孩子畏懼或屈服於權威**，甚至拿出棍棒或大聲訓斥；而是指，**協助孩子，同時堅定的予以教導**。

即使孩子太累、肚子餓、不想做、或是覺得太難、顧著玩，只要是今天必須完成的事，父母都應該從旁引導孩子。這時尤其需要特別注意孩子的健康狀況或心理狀態。

當然，並不是一天二十四小時、一年十二個月緊迫盯人，而是**在該插手時插手、該放手時果斷的退一步**。

為人父母當然希望孩子每天開心幸福，因此很多家長都會盡量滿足孩子的要求。哪有比孩子的願望被滿足時，露出來的表情更幸福的呢？

無論是哪個機構或學校，也都希望孩子天天開心，並且受到老師和朋友的讚美、肯定。然而，這種期待只是一種不切實際、膚淺的幸福而已。

儘管在管教孩子時，父母有時會感到痛心，但為了以後的幸福，仍然需要忍耐和堅持。即使孩子露出疲態，嚴格的父母依然會果斷堅持原則。

還有，會念書的孩子寫作業通常也很認真。

即使昨天才結束旅行、很晚才回到家，他們還是會提早起床做作業。

父母不會傳訊息跟老師說：「昨天回到家已經很晚了，所以才沒寫作業。請老師不要罵他。」這些孩子交作業時雖然會嘟囔著：「昨天回家太晚了，我早上才在寫作業。唉，我真的好累！」但臉上卻露出滿意的笑容和可愛的表情。對這樣的孩子，我會毫不吝惜的給予稱讚和鼓勵。

如果美術課有安排課堂作業，孩子常常下課了還沒畫完。

「現在時間到了，需要準備下一堂課，大家就先做到這裡！」

當我說要為了下一堂課做準備時，就會聽到各種不同的回答：

「我會利用中午和下課時間繼續畫，畫完再交。」

「可以帶回家畫嗎？」

「我就畫到這裡，先交了！」還有孩子乾脆全部塗上一樣的顏色，然後說自己畫完了。

「孩子不愛念書，逼他念書是對的嗎？」

我經常被問到這個問題。學校是社會的縮影，孩子在進入社會之前，可以在學校這個相對安全的環境中，體驗並從中學習。

念書不僅僅是領悟知識的過程，也能讓孩子學會忍耐、獲得成就感。但是，當他們步入社會後，會有很多即使不想做也必須完成的事。因此，在念書的過程中，我們更應該培養孩子的學習態度，並透過改變環境，適當的引導與安撫，讓他們學會堅持到底。

在這個過程中，父母肯定會跟孩子起衝突，也會對孩子說出刺耳的話。然而，不能因為擔心親子關係破裂，或者看到孩子疲憊就心軟，甚至錯過教育的時機。

大人要教他們，為了完成分內事，即使正在做自己喜歡的事，也要暫時停下來；即便再不想做，也要堅持到底。透過念書，我們除了要教孩子學會知識，更多是學會持之以恆的態度。

旁觀育兒祕訣

✕ 大人：「昨天回家太晚了，所以才沒寫作業。請老師不要罵他。」

〇 孩子：「昨天回家太晚了，我早上才在寫作業。唉，我真的好累！」

7 媽媽不必萬能，做妳擅長的就好

「如果只能選擇以下兩種老公，妳會選擇哪一種？是會主動做家事，但性格木訥、不善於溝通？還是親切、溫暖、好溝通，兩人無話不談，但是連一件家事都不願幫忙，整天只想躺平？」鄰居媽媽突然這樣問。

大家一致回答：「不能選擇單身嗎？」很可惜，只能二選一，雖然我也很想選擇既擅長做家事、又溫柔的男人，但如果非得二選一的話，我會選擇不太做家事卻非常溫柔的男人。因為我有自信，透過引導和溝通，對方會慢慢進步，這都要比和木訥的老公溝通來得輕鬆。

也有人說，只要老公善良，不太做家事也沒關係，因為家事可以花錢請外面的人幫忙，但談話對象卻不行。

如果換成是孩子，答案會不一樣嗎？

聽說有些被霸凌的孩子，因為擔心讓父母傷心或被責罵而選擇隱忍，最終依然走上自殺一途。每當我看到這些報導時，心情都會非常沉重，一想到如果是自己的孩子，就會更加難過——總想再怎麼樣，也應該要說出來。

坦白說，比起家事和教養樣樣完美的媽媽，我更想當個不完美卻能和孩子順利溝通的媽媽。只不過，由於職業的特性，我在家裡經常變成孩子的老師。

每個媽媽都有自己的才能

「我把小孩當植物養。」某位前輩曾如此說道。

她和兒子相處得很和睦，家庭生活也很美滿，但因為不會下廚，所以果斷的放棄了煮飯，只做自己擅長的事。

某次一起旅行，因座位很近，我曾用眼角餘光看到這位老師和家人的群組對話。他們的對話之親切，甚至讓我覺得很假掰。

有時候，追求完美可能會帶來問題，因為當我們把力氣投入在自己不擅長的事情上時，反而沒有力氣發揮自己的專長。

擅長煮飯的媽媽，可以透過下廚向孩子傳遞愛；很會打理家務，卻不擅長表達情感的媽媽，只要把房子打掃乾淨，孩子回家後就會感受到媽媽的愛；擅長教導的媽媽，則可以透過教育來跟孩子對話；很會說話的媽媽，就說些有趣的內容就行了。

我們每個人都有自己的專長。如果比起教育子女和做家事，媽媽更會賺錢，那麼只要努力工作來教育孩子就可以了。

就像沒有完美的孩子一樣，我們也無法成為完美的媽媽。

在社群平臺上，有很會聊天、很會過日子的媽媽，也有很會陪孩子玩的媽媽。有些媽媽不僅擅長下廚，還會帶孩子到處去旅行。

如果**每一件事都要跟這些人比較，就會覺得自己什麼都不是，況且大家也只是把最美好的一面放在網路上罷了**。

因為別人都這麼做，所以我們應該要跟團買童書、應該要為孩子預約活動、安排旅行、要好好過日子；餐桌應該要擺得整潔美觀，穿著也要得體；應該要讓孩子多念書、對孩子說些好聽的話。

然而，就算做不到，也不必懷疑自己，或是自責自己不配當媽媽，**應該要想大家都有一技之長：「別人擅長這件事，那我擅長什麼？」**

只要藉由自己最擅長的那件事，跟孩子對話就行了。

每個媽媽都有自己的才能

我算是個性溫和的人，但我媽媽不是，她是慶尚道人[4]，總是希望我行事端正、不要出錯，不僅很少稱讚我，也不會親切的說話。

我記得二十多歲時，某天我借住朋友家，朋友媽媽在道晚安的同時，除了親朋友的臉頰，也親了我。

那天晚上讓我感到很衝擊。

4 慶尚道人性格以熱血和急性子出名。

不過，我的媽媽很會煮飯，一天三餐，每道菜都沒重複過。因此，儘管她很嚴格，我仍然能感受到媽媽的愛。

直到我生孩子之後，我也終於明白，不擅言辭、說話一點也不溫柔的媽媽，其實一直在用她的方式愛我，而現在我也如此愛著我的孩子。

即使孩子不能理解，或者不認為我是個好母親，但我依然相信，當他們成為父母後，會理解我的心意和誠意。

我明白，媽媽並不是用溫柔的言語來表達對我的愛，而是透過其他方式。但在我的記憶中，媽媽依然是一個溫柔的人。

一想到母親，有人會回憶起家中熱騰騰的飯菜，有人會想起母親溫暖的懷抱，有人則記得整潔的家，或是像朋友一樣的母親，甚至也有人想起嚴厲、端正且人人稱讚的母親。

就像每個孩子都有自己的才能一樣，每個媽媽也有自己的才能。不要試圖做一個完美的媽媽，只要做自己擅長的事就行了。

對孩子來說，我們的存在，就是完美的父母。

旁觀育兒祕訣

就像每個孩子都有自己的才能一樣，每個媽媽也有自己的才能。不要試圖做一個完美的媽媽，只要做自己擅長的事就行了。

8 九〇%的育兒焦慮，都來自「鄰居」

對於培養孩子來說，媽媽蒐集資訊的能力很重要，但同時也可能造成嚴重的人際問題。雖然老師在學校大都忙著照顧孩子，但有時也不得不調解家長之間的糾紛。而且，每年幾乎都會發生。

尤其是，為了交換資訊而參加各種聚會，有些媽媽們會因付出與回報不對等，彼此間產生嫌隙，甚至要求班導解決家長問題。

我身邊的老師至少都遇過一次。

事實上，媽媽的人際關係同樣也會影響孩子。比方說，某個媽媽和另一個媽媽有摩擦後，就會拜託老師不要讓自己的孩子和對方的孩子坐在一起，也不要安排在同一組。

媽媽的資訊應來自書籍或專家意見，但是有些媽媽會像母雞帶小雞一樣，帶著孩子四處補習，這些媽媽對教育充滿熱情，對課程消息也非常靈通。其他媽媽聽到，便一窩蜂跟著報名。其實，這些資訊因人而異，如果想了解孩子的學習狀況，應該要先找學校老師討論，或是透過一些教養書，篩選出合適的資訊。

孩子的教育也是如此。一般來說，學習可分為聽覺型、視覺型、感覺型。

有人需要將拼音（按：韓語的文字由四十個音所組成）拆開來學，有人則需要看著完整的字；有人擅長數字，有人喜歡閱讀、想像力豐富；有人被稱讚就會做得更好，有人得要大人正確指出問題、該怎麼修改；也有的孩子擅長運算，或是圖像思考。

在學校也是一樣，我會針對孩子的個性，運用不同的方法。例如：有的學生擅長圖像思考，我就叫他先整理成表格；有的孩子則是口語表達能力較好，整理好就可以直接告訴我；有的孩子需要列舉簡單範例才能理解，有的孩子則需要先同理他的情緒；又或者上課時，我除了以金錢為例，也會舉一些科學例子。

只要好好觀察孩子，就會知道該怎麼教。**媽媽只要看著自己的孩子就可以了，**但是**有些媽媽看到別人家的孩子，甚至是網路上的分享，就以為也適合自己**

的孩子，結果往往浪費金錢、浪費時間，又搞砸了親子關係。

我的孩子適合哪種學習？

老大學韓文時，是先熟悉文字，再依發音規則來識字，有些孩子則是利用字母掛報來練習發音。

學習文字，其實就是掌握發音規則的過程。老大學會韓文發音規則後，很快就學會了英文拼音。快速找到明確的規則，這讓她在學數學時也有優勢。

反之，要學習沒有明確規則的事物，就比較困難。比方說，發揮想像力創造故事或編故事，以及說出自己的感受等。

老大是視覺型學習者，擅長閱讀文章、找出規則。這樣的孩子必須先認字，再透過文字培養出想像力。

老二則是從單詞找出韓文規則，她可以直接寫出「爸爸」、「媽媽」這樣的詞彙。儘管認字的速度不快，但以她的特性來說，先教字母反而會失去學習興趣，所以我只有先教拼音，然後等待她。

另一方面，她很有想像力，看一幅畫就能創造出屬於自己的故事，並且具體表達自己的感受。

換句話說，老二是聽覺型學習者，喜歡透過與人交談來學習。對於這樣的孩子，要多講故事、多對話，增加孩子的想像力，再讓他們認識和熟悉文字。

附帶一提，感覺型學習者，也被稱為「動覺學習者」。這類型的孩子會透過組裝拆卸、自己動手做、觸摸來學習，因此可以讓他們嘗試操作教具，也可以製作單字卡片，或是透過拼拼圖、玩遊戲、唱歌和律動等，在學習中加入活動的要素，他們就會學得很自在。

說穿了，**學習只是喜好的問題，每個孩子並不一定明確屬於某一特定類型**。但只要細心觀察，就能發現最適合的學習方式；並且在多方嘗試後，找出孩子最能接受的方法。

要注意的是，當媽媽是視覺型學習者，可能會透過視覺的方式來指導，然而，要是孩子無法理解，就必須加以調整；或是媽媽是聽覺型學習者，孩子卻是視覺型學習者，就應該視孩子的情況來引導。

父母雙方當中，若教導者與孩子的學習類型一致，效果會更顯著。簡單來說，**父母和孩子必須合拍**。

比方說，視覺型的孩子比較不會表達，如果想叫他們做些什麼，就要透過視覺引導，例如列出待辦清單；對感覺型的孩子來說，因為坐不住，可以跟他一起散步聊天，也可以搭配單字遊戲或活動身體，學習效果會更好。

言歸正傳，我教兩個孩子的方式完全相反。來到法國後，兩人的個性差異越明顯，老大是先學文法、閱讀文章，才在句子中加入單字；老二則是模仿聲音，牙牙學語般開始說法文和英文，然後才準確的發音，並將整個句子說出來。

這跟她們學韓文的過程是一樣的。

試想一下，如果我聽鄰居媽媽的說法，指著韓文字母叫老二認出「ㄱ」和「ㄴ」（按：發音相當於中文的「ㄎ」和「ㄋ」；這裡指從最先碰到的字母順序開始學），她就會對學習失去興趣，而我也可能會認為老二不會念書；又或者讓老大先認識各種單詞，說出讓孩子搞不清楚的句子，那她就會感到混亂，我可能也會以為老大不是讀書的料。

還有，很多媽媽會問：「哪個補習班好？」

如果孩子上補習班，成績進步超過三十分，那就是好的補習班。但如果孩子補完習，成績沒有進步，可能就要開始打聽其他補習班。

不要光是質問孩子：「大家都說那間補習班很好，為什麼你都沒有進步？」其實，那只是因為不適合你的孩子。

不用參加媽媽聚會

我就是我孩子的專家。不過，成為職業婦女後，我最擔心被排擠，如果我被其他媽媽們排擠，我的孩子也可能遭受波及，下課後只能看著別人成群結隊玩耍。

如果不加入媽媽的行列，似乎會錯過重要資訊，孩子也會落後於人。幸好，在學校看到其他孩子後，讓我很快擺脫這種想法。當然，有些孩子是因為媽媽們變得親近而玩在一起，但孩子在學校還是會自己找朋友玩。

然而，無論孩子之間相處得多麼愉快，媽媽們持續保持友好的情況並不多。

我家的孩子跟托兒所、幼兒園、學校的朋友玩耍就很滿足了，甚至放假時也說想去學校，這表示他們在學校沒有太大問題。

倒是我參與媽媽的圈子後，心情開始變得複雜。因為看到其他同學除了上補習班，還有人去學美術、鋼琴，我的孩子卻對學習興趣缺缺，這讓我開始擔心孩子會不會跟不上別人。也就是說，我並沒有正確看待自己的孩子，而是以別人的孩子為標準，來判斷我的孩子。

但其實，比起花時間從其他媽媽身上獲取資訊，我們更應該仔細觀察孩子適合哪種學習方法。幼兒園放學後，與其讓孩子三五成群一起玩耍，倒不如和爸媽多相處五分鐘。孩子們在學校跟朋友玩就夠了，週末更應該要珍惜與家人共度的時光。

如果要認可孩子，就不要看別人的孩子，也不要和鄰居媽媽談論自己的孩子、不要問鄰居孩子的情況，只要不問就行了。

職業婦女因工作關係自然能分散注意力，全職媽媽的話，不妨找些自己喜歡的事來做、投資自己，不要一直關注別人的孩子。

教育的目的，是讓每個人都能按照自己的步伐達成目標。比賽的目標是跑到終點線，無論是用爬的、用走的，還是用跑的，只要抵達終點線，所有人都能拿到金牌。可是，大家卻把目標定為第一名，所以跑得慢的孩子就被媽媽牽著走，結果就和媽媽一起摔倒。

老大學韓文三個月後，開始能讀和寫，而老二則是足足過了兩年，才開始能讀、寫，而且她一開始只會寫爸爸、媽媽和自己的名字。我幫助孩子按照自己的速度保持學習的樂趣，最終老大達到了終點，老二也是。

即使周遭人推薦好的補習班、家教、教材和書籍，我也只挑選符合孩子喜好的。這種挑選的能力，就是媽媽的資訊力。

此外，媽媽的朋友，最好是擁有同樣興趣愛好的人，在乎同樣的事、能開心的對話、放心的見面，分享日常生活中的快樂。

倘若媽媽的社交以孩子為主，人際關係可能會變得更複雜。即便在養育孩子的過程中，教養觀點接近的媽媽們比較合得來。

請成為了解自己孩子的專家吧！鄰居媽媽只是鄰居小孩的專家。

旁觀育兒祕訣

如果要認可孩子，就不要看別人的孩子，也不要和鄰居媽媽談論自己的孩子、不要問鄰居孩子的情況。

旁觀育兒技巧

我訓練兩個孩子自己整理衣櫃

請試著寫出孩子的哪些行為最容易讓你感到不開心，以及在什麼情況下，你最容易生氣，並藉由改變環境，避免被激怒。

比方說，孩子們要求換湯匙，會讓我很生氣，於是我做了一個移動式工具箱；為了讓慢吞吞的孩子們動起來，我買了視覺倒數計時器。從孩子還小、不會說話時，我就開始做這些事，還做了冰箱菜單，把孩子想吃的零食或圖卡寫成菜單貼在冰箱上。

如果孩子上學經常遲到，我會讓他直接穿制服睡覺，起床後馬上就可以上車；當孩子需要學習新事物時，我會下載應用程式，讓孩子們在搭車時看。

我推薦「多鄰國」（Duolingo）、Drops 點滴學語言、ＡＩ（Artificial Intel-

為了和孩子溝通，製作冰箱菜單。

ligence）語言學習平臺「Speak」等應用程式。多鄰國可以學英文、法文、西班牙文、日文、中文等多種語言，即便只有免費試用，對學習語言也很有幫助。安裝多鄰國後，裡面有「Duolingo Math」，這也很適合學數學。

此外，如果要減少嘮叨，不妨試著改變居家環境。

在孩子們還小的時候，我會在廁所前放置四格收納箱，當她們從烘乾機挑出乾淨的毛巾後，就可以直接放在收納箱裡；用過的毛巾則放在旁邊的籃子。

內衣也是裝進各自的收納箱。不管是摺、捲，還是塞，我都讓她們自己處理。剛開始孩子都是亂放，但長大一點後，就會按照自己的方式摺衣服。

比方說，老公和老大會利用隔板，將不同種類和大小的衣服分開，我和老二則是全都放在同一個籃子裡。總而言之，每個人都要管好自己的衣櫃和物品，並且在能力範圍內自行處理。

「媽媽，那個在哪裡？」

「我不知道你放哪，你自己認真找找看。」

搬到法國以後，因新房子的空間動線不一樣，我只好調整做家事的流程，以打造出能減少嘮叨的環境。

舉例來說，當孩子把家裡弄亂時，我會移動沙發，然後把玩具藏到沙發後面，眼不見為淨；如果孩子們想閱讀，我就把沙發搬到書櫃前，布置出閱讀空間；想要自己的空間時，我會把客廳的玩具搬進房間；如果當天有買花，就把花

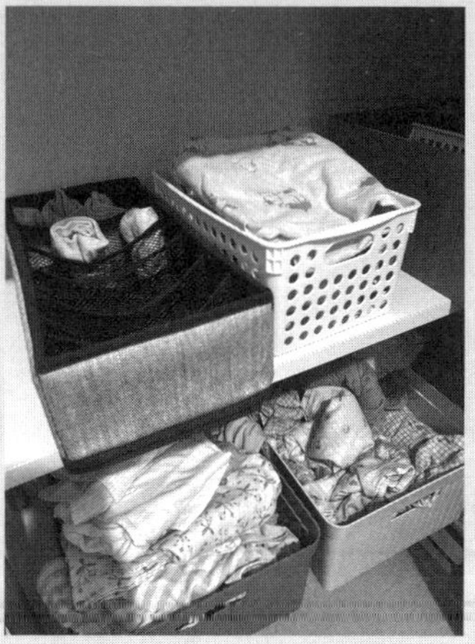

兩個孩子各自整理睡衣抽屜。

貼有老大名牌、由老大自行整理的衣櫃。

盆放餐桌旁，營造出咖啡廳的氛圍。

之前孩子們共用一個衣櫃，每次被我叫去整理時，她們就會一直吵：「是妳弄亂的」、「是姊姊弄亂的」，於是我買了兩個小衣櫃，讓她們各自使用。

老大擅長整理衣櫃，老二也有她自己的方式，這樣就減少了兩人的衝突。

當我想和孩子溝通時，我會盡量選擇心情好的時候說，因為我很清楚情緒不好絕對沒好話。

然而，改變孩子並不容易，要改變自己更不容易，這時就要改變環

境。例如：找出自己最常嘮叨哪些事，然後和孩子一起討論該如何解決。

「媽媽嘮叨心情會很差，妳也不高興，所以我不想嘮叨。妳怎麼想？但如果妳不希望我嘮叨，就要自己做到好，也要自己承擔責任。」

我覺得對孩子們嘮叨很累，於是和孩子認真的討論，沒想到老大給了一個令我意外的回答。

「我確實不喜歡聽妳嘮叨，但我希望妳能繼續嘮叨。」

「為什麼？」

「不然我可能會想做什麼就做什麼。媽媽如果不嘮叨，我可能早上就起不來了！這不是更糟嗎？雖然我不想聽，但妳還是繼續嘮叨吧！」

也許孩子知道我苦口婆心，所以要我繼續嘮叨下去。作為一個嘮叨得恰到好處的媽媽，我和孩子偶爾還是吵吵鬧鬧的生活著。家常飯配熱騰騰的味噌湯固然美味，但偶爾也要來點大火快炒[5]的辣炒魷魚，才更有滋味。

5 韓文的「吵鬧」跟「大火快炒」是同一個詞。

旁觀育兒技巧

培養自律能力的階梯椅

在很多家庭中，只要孩子說：「媽媽，我要喝水！」很多媽媽就會趕快去倒水，因為擔心孩子倒水時會打翻，或是摔破杯子。

但如果是我的話，平常會利用一千五百毫升的寶特瓶，讓孩子玩倒水遊戲。結果，孩子才三歲就會把水倒在杯子裡，而且滴水不漏。

在老大、老二還小的時候，我會給兩百毫升的礦泉水瓶和小杯子，訓練她們自己倒水喝。之後，再從兩百毫升、五百毫升，逐漸增加到一千五百毫升；並且讓她們試著把水倒在各式杯子，例如塑膠杯、玻璃杯、陶瓷杯，以及**透過摔破杯子的經驗，學會小心拿杯子的方法**。

此外，我還會把小菜的保鮮盒放在餐桌上，把飯裝在大碗裡，插上飯勺，要孩子們自己夾菜吃、舀飯吃。老二從三歲開始，我就叫她自己盛菜，老大從上小學開始，我就讓她練習自己從電鍋裡舀飯。如果想多吃一點飯，就自己解決。

「孩子們怎麼都不會要媽媽幫忙？」我們家的房屋完工後，曾錄過幾次電視節目。某次記者來家裡拍攝，對孩子們都不用媽媽幫忙，感到非常驚訝，其實我只是藉由環境培養她們的獨立性而已。例如：冰箱最底層是孩子們的零食區，想吃水果就可以自己拿出來，洗好後切來吃。

「媽媽，我要喝水！」

「自己去裝水。」

「媽媽，滴出來了。」

「嗯，擦一擦吧。」

「我想吃桃子。」

「嗯，你洗一下再吃。」

「我要吃起司。」

「嗯，在冰箱最下面那一格。」

不需要我幫忙，孩子其實自己就可以做到。如果我什麼都要幫孩子做，身體就會很疲憊，這麼一來，情緒也容易失控。所以，除非是真的很危險，否則我都會教孩子自己完成。

還有，孩子早上動作慢吞吞，我會直接走到玄關外面，反正催促也沒用，所以我選擇等待孩子。而且，遲到後挨罵或丟臉的人，是孩子自己。

當小朋友還在蹣跚學步時，我就讓她們練習自己拿東西吃；上幼兒園後，我教她們洗水壺，如果太晚才拿出來，孩子就得自己洗；或是在水槽下方放小板凳，引導她們站著洗水果；當孩子還不會走路時，我就一邊背著孩子，一邊煮飯。如果孩子想要坐在兒童椅上，我就在旁邊一邊下廚，同時讓她觸摸飯勺、矽膠勺子。除了危險物品以外，孩子都可以盡情探索。

從孩子的身高來看，流理臺是個讓人充滿好奇的地方。因為大人不讓他碰，所以他很好奇。只要適度滿足他們的好奇心，孩子就會耐心等待。反之，這種好奇心如果得不到滿足，孩子在急於探索時，反而容易受傷。

從老大兩歲開始，我就會把托盤放在地上，讓孩子參與料理過程。如果我無法在旁邊看，就會讓孩子在地板上玩，等煮完後再把孩子安置在有靠背的椅子上。孩子想洗碗時，我就讓他們洗碗。孩子們偶爾會把洗碗當成在玩水，不知不覺間就把碗洗乾淨了。

市面上有許多類似「廚房幫手[6]」的商品，但只要一般的餐桌椅就可以了。我們家之前是用大創（DAISO）的摺疊椅，椅子壞掉之後，我買了兩個宜家家居（IKEA）的階梯椅（木梯），還依照兩個孩子的身高，截斷了部分椅腳。

如果週末早上我晚起，孩子們就會站上階梯椅，主動把麵包、牛奶和果汁擺

6 兒童能站上去的階梯，讓孩子幫忙做家事。

在餐桌上。洗完水果後，還會將紙巾和餐具一起拿到餐桌上。不久前我教老二泡咖啡，現在只要我說：「請幫我泡一杯咖啡。」、「請給我餐包和草莓醬。」孩子就會主動幫忙。

只要讓孩子去做他們力所能及的事，不必要的嘮叨就會消失。

如果父母疲於滿足孩子的各種要求，就會導致情緒不穩定。為了只在真正需要時嘮叨，以及避免自己情緒失控，需要好好儲備能量。如果不想浪費精力，就應該放手讓他去做——**灑出來了就自己擦，想吃什麼就自己去拿。**

要是媽媽都要替他做，就很容易生氣。只要清楚區分孩子能做的事，媽媽生氣的次數就會從十次減少到兩、三次左右。

第二章

不必回應孩子的每件事

根據美國加州大學洛杉磯分校（UCLA）心理學家教授艾伯特．麥拉賓（Albert Mehrabian）提出的麥拉賓法則（the rule of Mehrabian），人們對說話者的印象，主要來自三個方面：視覺占五五％、聽覺占三八％，語言則占七％。也就是說，約有九三％取決於非語言訊息，談話內容僅占七％。

由此可見，平時和孩子的口常對話，並非最重要。

不過，當孩子尋求幫助時，我們仍然必須運用智慧來解決問題。有一次，我曾接到一位媽媽打來的電話，她的孩子是小學高年級。她說孩子在班上一直很熱心助人，卻被調皮的男同學們欺負，大家不僅不跟他一起玩，就連最要好的朋友也開始疏遠他。這個孩子獨自忍受了一個月，才終於鼓起勇氣向母親求助。雖然這位媽媽也認為孩子沒有錯，但因為不知道該怎麼安慰孩子，她只能默默流下眼淚。

我告訴那位媽媽，其實可以這樣說：

「你做得很棒，媽媽覺得你真的很了不起。即使被別人欺負，也不忘幫助別人，這連大人也不一定能做到，媽媽都該向你看齊。但你還只是一個小學生，如果同學讓你感到辛苦、甚至無法上學的話，不用去學校也沒關係。「這附近的學校很多，如果你覺得很難熬，要轉學也沒關係。不過，我希望你不要因為朋友的嘲笑或目光，就不再幫助別人。」

而不是跟孩子說：「你遇到這種事，怎麼不早點跟我說？媽媽好傷心！」然後跟孩子一起哭。

當孩子尋求幫助時，大人應該要收起情緒，提出各種解決方案。但，也不能只有同理，例如：「你一定很難過，那些同學真的很壞。」

此外，找對方家長理論、把事情鬧大，也非明智之舉。應該要告訴孩子，大人隨時可以幫忙，如果遇到問題，隨時都能向師長立即反映。

言歸正傳，後來這位孩子說，只要媽媽和老師支持他就好，他會繼續上學，如果真的不行再說。結果，其他同學的態度也漸漸開始改變。他在六年級下學期，還當上了班長。

不必對孩子說的每句話，做出言語上的回應。如果你沒有把握能否安慰孩子，只要默默的注視、點點頭就好。

對孩子來說，溫暖的眼神就是最好的話語。

當大人詞窮或不知如何安慰孩子時，緊緊擁抱就行了，不需要為了說出好聽話而費盡心思，過度努力反而會累積更多問題。

1 當孩子在餐廳打破碗盤

我在法國認識了許多媽媽，有來自日本、西班牙、美國、土耳其的，也有歐洲各地的媽媽。她們都說，韓國媽媽對孩子非常親切。這讓我很驚訝，因為我一直覺得韓國媽媽有點可怕，也很嚴厲。

事實上，我在法國更常看到父母嚴厲斥責孩子。

我在觀賞表演時，曾看過坐在前排的媽媽因為孩子惡作劇，拍打了他的後背；也見過大人賞孩子耳光；或是因小朋友不守秩序或插隊，直接把孩子拖出去——在小火車上，有些父母甚至會把子女帶到角落斥責，連旁人都不禁捏把冷汗。而我的孩子們也正襟危坐，表現得很乖巧。

當然，經常當眾斥責孩子或過度訓斥，這種管教方式並不妥當。但我相信，大部分的父母都願意教，比方說，在公園排隊滑溜滑梯時，如果孩子插隊，父母會對他說：

「不可以沒有禮貌，你要遵守規則！」

換作是我，以前我會說：「不能插隊，別人會討厭你。」「你那樣做的話，朋友會討厭你。」「你那樣做的話，朋友下次就不會跟你一起玩了。」「你那樣做的話，就得一個人玩。」

我在訓斥孩子的時候，總是隱含著會被別人討厭的意思。「你那樣走路，朋友都會嘲笑你。」、「你穿那種衣服出門，大家都會說你沒有媽媽。」

孩子要學會遵守規則，但我卻教孩子，遵守規則是為了成為一個良善、對別人好的人。

「你必須遵守規則。」

教導孩子時，要盡量簡單明瞭，不必好言相勸，也不必淨說些漂亮話，但也不需要過度責備或訓斥。

某次在飯店吃早餐，隔壁桌的外國孩子想疊起用過的盤子，卻不小心打破了。破碎的巨大聲響迴盪在整間餐廳，所有人的目光都望向他們。

然而，孩子的媽媽第一個動作卻是抱住孩子，即使那孩子已比他媽媽還高。這個情景令我很震撼。

如果是我，也許會說：「小心一點！你看，都破掉了。我剛剛說要收，你為什麼偏偏要自己拿？」即使沒有破口大罵，我應該也會先收拾碗盤，而不是擁抱孩子。我可能還會一邊揮手，一邊說：「這裡很危險，你走開！」

我感到很羞愧，那位主動擁抱、為孩子著想的媽媽，告訴我什麼才是最重要的。

我以前總是希望孩子不要犯錯，也教導她們必須遵守規則，但我到法國後，想法開始有所轉變。我學到了如何不在意他人的目光，以及遵守規則是為了自己，而不是因為在意他人的眼光。

如果想栽培出尊重父母的孩子，就必須從根本上改變心態。我也發現，我之前的那些說法（請見第九十六頁）是錯的，因為我從心態開始就錯了。我分不清何時該責備、何時不該責備，搞不懂孩子的心情，也分不清什麼時候該教、什麼時候又該等待。

另一個值得學習的地方是，那位媽媽用愛擁抱了孩子。法國人隨時隨地都會擁抱孩子，即使孩子已經長大、甚至進入青春期，父母仍會像摸小嬰兒一樣摸著孩子的臉，然後毫不保留的親吻和擁抱。儘管這畫面對我來說非常陌生，但現在我已經開始漸漸習慣，並且越來越自然。

還有一次，我在服飾店看到一對母女，正在更衣室前排隊。那位媽媽輕輕抱了一下還是小學低年級的孩子，並且摸摸她的頭。輪到她們後，小朋友就自己進去試穿衣服，然後決定要不要買，媽媽只負責結帳。

看到外國家庭的互動，讓我開始反思自己對待孩子的方式是否應該改變。

我見過來自不同國家的媽媽，但不管是哪一國，都有校園暴力、過度依賴3C手機，以及YouTube影音氾濫、手足吵架、親子溝通等問題。俄羅斯媽媽說，跟小學的孩子一起旅行三天兩夜超崩潰，西班牙的爸爸則大喊：「我有三個正值青春期的女兒！」所有人都點頭大笑——育兒之路到哪都一樣。

不過，從外國父母的眼神和表情，我可以感受到他們有多疼愛子女，也能從其行為感受到愛意。孩子需要遵守規則，但大家不妨也試試看，毫不保留的對子女表達愛意？我相信，就算父母說話很嚴格，也會得到孩子的尊重。

旁觀育兒祕訣

教孩子遵守規則，是為了自己，而不是因為在意他人的眼光。

2 大人本來就無法同理

「等妳自己有小孩，妳就知道為人父母的心情了！」

在青春期最叛逆的時候，媽媽曾說我以後的小孩一定是來討債的。沒想到老二的個性真的跟我一模一樣——動不動就躺下、大哭大鬧，個性急躁，想做什麼就一定要立刻去做；個子矮小、瘦弱，卻講個不停；一聽到念書，就開始喊肚子痛、手臂痛，想辦法開溜；明明不識字、書都拿反了，還要編故事給大人聽。連老公都說我是不是被丈母娘給詛咒了。

有一次，我們在西班牙特內里費島（Tenerife）旅行，結束後準備回家。從小島到馬賽普羅旺斯機場（Aéroport de Marseille Provence），搭飛機要四個小時，但整趟航程都充斥著嬰兒的哭聲。

孩子的媽媽只能抱起孩子站著哄拍，安全指示燈一亮，就回到座位上，等指示燈滅了，再換爸爸離開座位，安撫孩子。我親眼目睹這一切，整整四個小時。

孩子在飛機上哭鬧很吵，然而我也能充分理解，面對孩子不停哭鬧，大人那種無能為力、不知所措的窘境。整整哭了四個小時、疲憊不堪的孩子很可憐，因考慮到其他乘客，而不得不站起來哄拍的爸媽也很辛苦。

我曾教過一位很調皮的孩子。當時，我還沒結婚，第一直覺反應是：爸媽到底是怎麼教的？但有了孩子後，我才知道家長的辛勞。

要是以前，看到爸爸坐在餐廳裡吃飯，媽媽起身抱著孩子哄，我就會在心裡暗自咒罵這位素未謀面的爸爸。但我有了孩子才知道，有些孩子黏媽媽，只有爸爸趕快吃完、把孩子帶出去，媽媽才能好好吃飯。

換句話說，你得自己經歷過，才有辦法同理別人，而不是單憑理解和努力就能做到。在生孩子之前，我不懂父母的心情；在發現女兒很像我之前，我也不懂當媽媽的心情。

問題是，如果女兒不想上學，我根本就說不出：「我知道妳明天不想上學！」只有面對外人時，我才會說出「妳一定很難過」這種有同理心的話。

在面對自己的孩子時，反而會先感到焦慮，然後擔心要是孩子一直不想上學，以後該怎麼辦。

換句話說，比起同理孩子，大人多半更著重在教育這件事。再加上，孩子沒有當過大人，即便每個人都有童年，但孩子看待事物的角度也不可能和大人相同。因此，父母其實很難真正去同理孩子。

妳也可以說：「媽媽也好煩。」

老公的公司免費提供員工配偶三年的法文課。坐在課桌椅上、寫筆記，這種感覺既熟悉又讓人興奮，雖然一週只有兩次。

上課時間共三個小時，每節課一小時二十分鐘，中間休息二十分鐘。上過幾次課之後，我吞了兩顆止痛藥，偶爾還會撒謊：「我頭痛，沒辦法上課。」、「有工人要來家裡，今天不能去上課。」找各種理由翹課，或是睡午覺睡過頭，只上到第二堂課。

有時，作業來不及寫，下課就用翻譯機隨便應付，也曾被同學拍到我上課打瞌睡。還有，每到第二堂課的最後十分鐘，我總是希望老師趕快下課。

我的孩子們也是如此。她們回家後直說聽不懂、不想上學，希望時間能永遠停留在星期天晚上。或是，每到週六早上，不用我催促，孩子們也會自己起床，但一到週一早上，不知道是眼皮太重還是不想面對，即使快遲到了，兩個人也絲毫不願意起床。

以前，我都會跟她們吵：「學校不是妳想去就去、不想去就不去的地方。誰想去學校？廢話少說，快出門！」

然而，風水輪流轉，現在換我每到上課的前一天晚上，就會先說：「唉！我明天不想上學，明天不想起床。」

在我開始上法文課後，才真正理解孩子的心情。

於是，我取消了每週兩次、每次三小時的法文課，改成報名大學的語言中心——課程每週十八小時、每週四次。

通勤大概要兩小時，每天上課時數多則九個小時，少則三個小時。老大看到我的功課比她還多，偶爾也會教我寫作業、念詞彙。有時我為了準備考試，在前一天讀到很晚，她還會嘮叨，叫我應該要提早複習。

我們每天晚上都會坐在餐桌旁，一起喊著不想上學、不想念書、不想做作業。然而，比起責備孩子「不想上學也要去」，**父母更該展現出：大人雖然也不想工作和念書，但只要是該做的事，即使辛苦也要努力完成**。

我們是父母，但孩子並不是，所以他們還無法理解為人父母的心情。即便我們在童年時期也有過類似的遭遇，但由於角色不同，因此很難完全理解孩子。所以，當孩子不想做些什麼時，不妨試著讓他理解父母現在的生活，例如：

「爸爸今天也真的很不想去公司！上班太累了！你們班有班導吧？爸爸的公司裡也有部長，他們太嘮叨了，讓爸爸很累！」

「今天媽媽也有功課，但是我真的很不想念書，所以還沒讀。還是我們先一起讀三十分鐘？」

旁觀育兒祕訣

把自己當成學生

像我這種不得不讀書的情況，可以自然的跟孩子對話，但如果沒有，就打造出跟孩子一起學習的環境吧！

1. 考取民間證照

上網搜尋「政府免費課程培育進修」，就能找到很多網站資訊。根據證照發行機構的不同，有各式網站，大家可以選擇自己有興趣的內容。例如，咖啡師、藝術字、兒童英語指導、英語童話故事、桌遊指導等。只要參加線上課程後通過考試，即可獲得證照[1]。我家的孩子們取得

1 臺灣不少培訓機構也推出數位課程，例如：財團法人資訊工業策進會、台灣金融研訓院等。除此之外，也可參考各大專學院的進修部課程。

摺紙證照，我取得NIE[2]（Newspaper In Education）指導教師證照。不妨和孩子一起感受挑戰和成就的喜悅吧！

2. 每天讀十頁就好

選擇一本書後，先挑戰讀十頁。雖說是十頁，但其實只是五張紙，負擔應該不會太大。不過，堅持下去並不容易。

「我不想看書，我們就讀十頁吧！」可以跟孩子說自己不想讀，然後一起拿著書坐在沙發上看。一週只要五天，一個月就能讀完一本書。

再提供一個訣竅，就算孩子還想要繼續讀書，也要跟他說不要讀了，這樣孩子才會意猶未盡。此外，每讀十頁就在書上標註日期，這也是一種樂趣。

3 唯獨禮貌這件事，不能妥協

「你吃飯了嗎？」「哦，我正準備要吃。」

「你刷牙了嗎？」「哦，我正準備要刷。」

每次叫名字，孩子就會反問「幹麼？」然後開始頂嘴。但父母卻不太能說：「你那是什麼語氣？」或是「媽媽是哪裡惹到你？」

即使孩子不斷辯解或說些不像話的話，大人也必須深呼吸，然後好言相勸，好像非得這樣才是好爸媽。

我朋友的孩子曾把家裡牆壁和餐桌椅，塗得慘不忍睹。當她想要破口大罵

2 始於一九三〇年代的美國，當時由美國《紐約時報》（*The New York Times*）協助推動大學的活用新聞運動。

時，孩子哽咽的說：「我只是想讓媽媽看……。」

一想到孩子其實只是想討媽媽歡心，朋友滿心愧疚，並問我下次是否應該稱讚。

有位朋友還說，一家三代隔了好幾年一起去旅行，剛上高年級的兒子，一到餐廳就撇著嘴拒絕吃飯，原因是他不喜歡餐廳的菜色。

「我就是不想吃，不然要怎樣？」

其實，孩子們有時只是想得到認同與支持，因此在辯駁時常常省略上下文，只截取對自己有利的話。

例如：「是他先說的！」、「都是因為他，我才那麼做的！」

大人也很清楚，細究起來，其實孩子們並沒有錯，只不過總是理直氣壯，所以搞得大人一肚子火。

「你怎麼可以瞪媽媽？」

「我是你爸爸，你那是什麼態度？」

「別再胡說八道，吵死了！」

結果，父母非但沒能好好教孩子，反倒因意氣用事，導致親子關係越來越疏遠，甚至留下無法抹滅的隔閡，以及日後爭執不斷。

其實，進入社會後，比起誰對誰錯，是否符合道德更重要。因此，無論是在學校還是在家裡，都應該先教會孩子明辨是非。例如：「你說得很有道理，不過比起對錯，我們更應該合乎道德準則，避免影響別人。」

「希望你能成為有禮貌的人。」

「我不想吃」這情緒沒有錯，但把它表現出來、讓別人感到不舒服就是不對。大家一起吃飯，即使自己不想吃，也應該要尊重別人用餐，看看能否點其他食物。

亂畫牆壁或餐桌椅也一樣。雖然想畫畫的想法是對的，但是家裡的牆壁和餐桌椅是公共空間，所以畫在家具上是不對的。此外，還要告訴孩子，不能隨意破壞和別人一起使用的東西。

有些人會說反正在家裡又沒關係，但這觀點並不正確，因為家庭是團體和社會生活的最小單位。

韓國有句俗話說：「在家裡會漏水的瓢子，拿出去外面也會漏水。」是指團體生活必須從家庭教育開始，孩子並不是交給學校就好。

沒有好的家庭教育，子女怎麼可能突然就會？

比方說，看到奇裝異服時，孩子直接用手指著對方說：「他穿得好奇怪！」也許這樣說並沒有錯，但很沒有禮貌。

再比如，在外面用餐，孩子直接說好鹹也許只是心直口快，但應對其實能更有禮貌，例如：「謝謝，但有點鹹！」

「我就是不想吃，要不然要怎樣？」

「是啊，我不能勉強你吃，但是大家一起吃飯，只吃你想吃的東西，這種態度是不對的。」

切記，在教育孩子道德價值觀時，不能被孩子左右。有些父母表面上看起來很民主，但瑞典精神醫學家大衛・埃伯哈德（David Eberhard），同時也是六個孩子爸爸，他在《孩子們如何掌權》（*Hur Barnen Tog Makten*）書中提到，有些父母不想承擔教育責任，便什麼都不做，然而這卻有可能讓孩子學壞。

舉例來說，**法國人在公共場合都會刻意降低音量**，有時安靜到聽不見任何聲音。在超市，只聽得到手推車輪子滾動的聲音；在餐廳，人們雖然一邊聊天，一邊悠閒的吃飯，卻不會大聲聊天，其實那裡還有很多孩童（知名旅遊景點除外）。外國的父母很會傾聽，也很會跟子女溝通，但是只要聲音稍微大一點，他們就會要求孩子降低音量。

同時，他們也會導正孩子的行為。在遊樂場，父母會不時的注意，若孩子做錯或對別人不禮貌，就會及時制止。

我曾在寬敞的游泳池裡看見一對兄弟，只要父母喊名字，他們就會立即跑過去，等到父母講完後，才會再回到游泳池。雖然這不能代表全部的人，但是有禮貌的孩子確實都是教出來的。

「我覺得你說得很對，但在現在的情況下，我沒辦法答應你，那是沒有禮貌的行為。」

「也許你覺得那是對的，但你不能直接說出來。」

「雖然你想那樣做，但在與大家相處時，那樣做並不合適。」

「你說，你不想做，但是現在去做才是對的。」

「雖然我很想答應你，但在公共場合大聲說話是不對的，你可以再小聲一點嗎？」

孩子會以自己的對錯為標準，但大人應該要讓孩子知道正確的價值觀。即使孩子說得對，但如果沒有禮貌，就要教導他。然而，也不能因此批評他或赫然而怒，應該要教導孩子，在做出行為之前，不應該以自己的對錯為標準，而是要以社會道德來思考。

「媽媽希望你能成為一個正直的人，不僅是為了朋友，也是為了家人。」

旁觀育兒祕訣

✕「你怎麼可以瞪媽媽？」

「我是你爸爸，你那是什麼態度？」

○「雖然我很想答應你，但在公共場合大聲說話是不對的，你可以再小聲一點嗎？」

4 親子對話也要講究權威論證

「老師，我孩子都講不聽，請老師一定要好好跟他說。」

這是爸媽在諮商時最常提出的請求。也就是說，明明是同一句話，如果媽媽說就是嘮叨，但如果是老師，孩子就會好好遵守。不過，我是老師，我家孩子也不聽話。同樣的事無論我說了多少次，老大、老二都不會照做。所以，孩子比較聽老師的話，還真令我啼笑皆非。

為什麼孩子比較聽老師的話？這其實是權威論證（argument from authority）。

根據美國教授安東尼．威思頓（Anthony Weston）的《學會思考，你贏定了！》（*A Rulebook for Arguments*），說服人需要很多條件，其中一個就是訴諸權威學說，也就是必須闡明資訊來源、提供能說服人的根據。只要能提出有權威的見證者的話作為證據，就更具說服力。

聖誕老人好幾次想來我們家，卻進不來；精靈會趁大家熟睡時跑進房間，我和鬼怪通話幾次後，孩子就會乖乖聽話。

學齡前，我會這樣教孩子，但這段時期很短暫。女兒們上小學之後，鬼怪就是童話故事中瞎掰的，聖誕老人則是連信都不信。也就是說，如果沒有提供合理的根據，孩子們才不信。

「妳要早點睡才能長高！不聽媽媽言，吃虧在眼前。早點睡！」

「一直打電動會變笨，不要再打了。」

「妳已經上癮了，趕快關掉！」

無論我怎麼說，孩子還是越來越不聽話。其實，隨著孩子一天天長大，親子間的對話應該要多加運用權威論證。

比方說，老大學會讀文章後，開始會質疑大人的話。老二說：「我想住在彩虹另一端的村落，這樣就可以摸到彩虹了！」老大卻回說：「少來了，彩虹只是一種視覺現象。妳去那裡也碰不到！」

當老二說：「我要跳起來，碰到天上的雲！」老大就會說：「人再怎麼跳也跳不到天上，而且雲是碰不到的。」如果我對老大說：「妳不乖，聖誕老人就不會來了。」、「精靈會檢查！」、「妳要好好聽媽媽的話。」等毫無根據的話，反而會失去她的信任。

睡前不要看螢幕，才能分泌生長激素

我開始不再堅持己見、生氣或責備，而是引述權威人士的話。我拿出報導，說明生長激素在晚上才會分泌，所以要早點睡。或者是，從科學的角度解釋為什麼吃東西必須細嚼慢嚥；以及電玩或電視成癮和大腦有關；還有不塗乳液，會導致皮膚乾燥等問題，我一一找出相關報導、書籍，並解釋得淺顯易懂。

我對晚上不想早睡的孩子說：

「你知道嗎？聽說人體在晚上會分泌一種讓人長高的激素，而且在睡覺時分泌最多，它叫做生長激素。所以，如果沒有早點睡覺，準備要大量分泌的生長激素就會只分泌一點點；如果房間燈還很亮，它就會以為你還沒有要睡，然後罷工。

「手機和電視不是很亮嗎？所以，睡前一小時到兩小時，也不能看螢幕，這樣生長激素在你睡著後，才能馬上開始工作。那你應該可以長很高吧？

「可是你每天睡前都在看電視、滑手機，這就會縮短生長激素的工作時間！如果你想長很高，你要不要參考我剛剛說的方法。你想清楚再決定睡覺時間吧！」

我對吃飯總是狼吞虎嚥的孩子說：

「我們吃下東西後，食物會進到肚子裡，被分解得非常小，小到肉眼看不見，經過消化之後，就會變成養分。這些養分會讓我們長高、讓身體變健康。

「聽說我們的唾液中有很多『酵素』，能讓米飯、麵包、地瓜等碳水化合物變成養分。所以，吃飯時一定要細嚼慢嚥，把食物咬碎，並藉由唾液中的酵素讓食物變成養分，如果你吃了蛋糕，卻沒有好好咀嚼就吞下去會怎麼樣？一整塊會直接進到肚子裡！這樣就無法成為身體的養分，沒辦法讓你變得強壯。

「如果是吃肉，就要用牙齒細細咀嚼，咬得很碎再送到肚子裡，這樣才能在胃裡轉換成養分。不過，肚子裡沒牙齒吧？也就是說，狼吞虎嚥吃進去的東西根本無法成為養分，在肚子裡待久了，還會發出食物腐爛的怪味。廚餘光是放一天就有臭味，要是你沒有用牙齒咬碎，食物不僅無法成為養分，還會在體內停留很久，導致你放屁和大便都會很臭！

「如果媽媽可以用剪刀剪碎食物，或者乾脆用果汁機打碎就太好了，但我不能那麼做。因為我們的牙齒和大腦神經緊密相連，所以要多咀嚼。

「我也聽說，牙齒掉光的爺爺、奶奶變得很健忘，都是因為沒有牙齒的關係。你想一下你的身體和大腦，想想看應該要咀嚼多久。光是細嚼慢嚥就能變聰明，對健康也有益，多好啊？」

我也可以對電玩或手機上癮的孩子說：

「橘子很甜，如果吃完橘子再吃哈密瓜，就不好吃了，對吧？坐完非常驚險的雲霄飛車，再坐海盜船就會覺得很無聊。

「電玩和智慧型手機也是這樣，其實媽媽也知道真的很好玩，可是我不會去玩，因為我知道會上癮。

「吃了太甜的橘子之後，要喝比橘子更甜的可樂，才會覺得甜；坐完雲霄飛車後，要坐更刺激的遊樂設施，才會覺得驚險。

「所以人們總是想找點樂子，玩電玩後發現太好玩了，卻因為找不到比電玩更好玩的東西，只好一直玩電玩。

「問題是，聽說電玩會集中刺激大腦某一個特定部位，導致大腦無法均衡發展。用稍微難一點的話來說，就是『大腦碎片化』。如果你現在經常被電玩刺激大腦，長大後也必須繼續玩，這就是上癮了。

「現在正是你的大腦的成長期，如果一直受到電玩刺激，之後做什麼事都會覺得很無趣，也沒辦法學到東西。我們不如把學習的機會留給更有趣、更優質的事物吧！

「媽媽知道你喜歡玩電玩，所以沒辦法叫你完全不要玩。不過，你想像一下，以後每天都只玩一小時，剩下的時間要不要就拿來做其他有趣的事？」

我對洗澡後不想擦乳液的孩子說：

「你知道吐司一直放著會怎麼樣嗎？沒錯，它會變乾。那麼，把溼漉漉的衣服晾起來會怎麼樣？沒錯，洗過的衣服也會變乾。那我們的皮膚呢？雖然看不見，但我們的皮膚也有水分，要是放任不管，皮膚就會像麵包一樣變乾。麵包乾掉之後，會怎麼樣？會變硬，只要用手稍微碰一下，就會掉出麵包屑。「我們的皮膚一旦缺乏水分就會受損，稍微碰一下都會被刺激，因此變得脆弱、發癢，最後還會變紅。要是一直刺激，甚至還會流血。你還記得上次嘴脣裂開嗎？很痛吧！但是塗護脣膏之後就好多了，不是嗎？

「乳液的功能跟護脣膏一樣，能防止我們身上的水分流失。把乳液塗在皮膚上，就算水分想流失，也能一直保持溼潤。我知道塗完乳液有點不方便，不過我覺得比起生病，這不算什麼。現在媽媽的手很粗糙吧？我們先一邊塗乳液，一小時後看看皮膚有什麼改變！你幫我塗吧！」

當然，並不是講一次，孩子就會馬上改，但比起毫無根據的嘮叨，這樣說肯定是更有效的。

旁觀育兒祕訣

✕「一直那樣打電動會變笨。不要再打了。」

○沒有提供合理的根據，孩子才不會信。

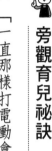

5 做不好也沒關係

我的育兒方式，如果是放手讓孩子去做，法國媽媽帶小孩就是讓子女直接在野外求生，更加注重孩子的獨立性。

我是奉行旁觀育兒的媽媽，也對自己的做法很有自信。不過，老大的老師卻對我說：「媽媽妳擔心太多了。」印度媽媽、俄羅斯媽媽、西班牙媽媽反倒問我：「法國人帶小孩是不是太放任了？」

但這正是法國媽媽們都在做的旁觀育兒。

我最煎熬的一次，就是孩子剛滿八歲時，要參加五天四夜的校外教學。我對她說：「這是學校的活動，當然要參加。」但直到前一天，因為我完全幫不上忙，還在掙扎要不要乾脆謊稱孩子因病不克參加。

結果，也許是我太緊張了，當天早上我送孩子去學校後，準備停車時才發現後方車門根本沒關。就連孩子說忘記帶帽子，我慌張的跑去附近超市買，也差點發生意外。

我並沒有鼓勵孩子說：「妳可以的！」而是說：「失敗也沒關係。」在收拾行李時，我不會說：「都要帶好，別弄丟了！」而是說：「**東西弄丟也沒關係，只要妳平安回來就好**。」

因為我擔心，光是離開家人五天四夜，就足以讓她感到不安。

我不會說：「妳一定會順利的。因為妳很堅強、很勇敢，一定能做好。」而是說：「如果妳覺得沒辦法，就打電話給爸媽。爸媽可以去接妳，所以不要擔心，妳先去看看，如果覺得還可以，就繼續待著，不行的話直接回來也沒關係！」孩子聽到失敗也沒關係後，反而放寬心，並且有了挑戰的勇氣。

孩子星期二出發，一直到星期六早上才回來。其間老師只有傳幾張照片，所以那幾天我都很擔心。

老師傳的好幾張照片裡，她都在寫日記。語言不通的她似乎在排解寂寞，看起來有點可憐，但老師說她「Retour au calme」（指已適應環境）。

她回來時，我原本以為行李會亂七八糟，但是事情並沒有這麼糟。看著整理好的背包和孩子寫的日記，我讀到了她在這五天四夜的心情。而我也發現，那些因擔心而產生的負面想法，有時只是媽媽的錯覺。

一下遊覽車，老師就跟我說：「她就跟法國人一樣，跟同學相處得很好。原本我也因為班上沒有韓國人而擔心，但後來才發現是我多想了。」

「做錯也沒關係。」

我們總是費盡心思要給孩子勇氣、給他自信，相信他能做得好，還會說些鼓舞人心的話。例如：「如果是你，一定能做到！」、「好好做，加油！」但是，有時從孩子的表情中，你會發現——**即使撐不下去，也可以隨時回到爸媽的懷抱，反而更能帶給孩子勇氣**。

孩子們在父母面前總是想好好表現、想得到稱讚，但是我們應該告訴他們，即使失敗或做錯，隨時都可以回家。

「即使做錯也沒關係，你永遠是媽媽最寶貝的女兒！」

「如果做不到、想放棄也沒關係，光是嘗試就已經很棒！」

我們有時會擔心孩子無法持之以恆，或是抗壓性太差，但是我們永遠必須是他們的避風港。即便不是父母，孩子未來也還會遇到許多人予以鞭策或鼓勵，像是學校老師、職場上的主管。

另外，若孩子能從中獲得成就感，也有助於激發他們的動力。但無論如何，當孩子失敗、無法堅持到最後、甚至犯錯時，他們依然能回到父母的懷抱，失敗和犯錯並不會影響父母對孩子的愛。

「做不到也沒關係，有媽媽在！」

「太累也可以辭職！爸爸支持你！」

就算做不到也沒關係，只要除去「好」這個詞，自然就能脫口而出：

不是「好好吃」，而是「吃不完也沒關係」。

不是「好好表現」，而是「做不好又如何？做不好也沒關係！」

旁觀育兒祕訣

✕「如果是你，一定能做到！」、「好好做，加油！」「好好表現。」

○「做不好也沒關係。」

6 即使說錯話，是話錯了，不是孩子錯

金黃色及肩長髮、布滿塵土的運動鞋，應該要靠在椅子上玩手機的青春期少年，卻在學校餐廳讀厚厚的書。往旁邊一看，不管是隔壁桌或街上，都有孩子在看書打發時間。

對我而言，這景象有些陌生，但在法國卻稀鬆平常。

在生日派對上，弟弟一邊玩耍，姊姊一邊在嘈雜的環境中看書；在尼斯[3]（Nice）海邊，一位女孩拿格紋抱枕當書桌，低頭寫字；在巴黎路邊的長椅上，一位小朋友正在寫字；老公的公司舉行歡迎會，同事的孩子和我對視而坐，侃侃而談；一家人在公園野餐，一起閱讀、玩桌遊。

3 法國旅遊勝地，南法蔚藍海岸地區最大城市。

坦白說，這些景象令我感到很陌生，但同時也很羨慕他們喜歡閱讀、分享彼此想法的樣子。

在法國時，我曾因為很想念韓文，看了SBS電視臺的電視劇《那年，我們的夏天》（*Our Beloved Summer*）。

有趣的是，原本在韓國可以一笑置之的場面，在我來到法國後卻感到很不自在——劇中的女主角非常會念書，當上課鐘一響，她就高冷的舉手說：「老師，我有問題。」其他同學則是看好戲，認為她很自大。

改變社會風氣，要從家庭做起。大人不只要好好傾聽孩子，也要教導錯誤的價值觀，例如不懂事就不要亂講話、對別人嗤之以鼻，並且共同打造出能讓人自在表達、分享知識的社會。在學校也是如此，每個人都能向老師提問、跟同學分享，才能使閱讀文化越來越普及。

坦白說，來到法國後，我發現有些公共廁所髒到一度讓我懷疑這裡不是先進國家，但一個國家的發展不能只看表面。

孩子們應該要能閱讀、說出自己的想法，即使說錯，也要踴躍表達；要讓孩子了解——**是你的「話」錯了，不是「你」錯了**。

法國學校的課程很沉悶，而且缺乏體系，但是有些地方仍值得我們學習。我的孩子法文和英文都不太好，所以先讀了語言加強班。如果要轉到正規課程，除了成績，老師還會看上課態度。假使態度消極、明明知道答案卻不回答，孩子便無法轉入正規班。但是，即使答錯，只要在課堂上能踴躍發言、積極與老師溝通，那也可以進入正規班。

舉例來說，某天放學時，我帶著兩個孩子回家，路上遇到了老大的英文老師。老師說，老二某次下課曾跑到她面前，一副跟老師很熟的樣子，用英語說：「My sister is your teacher!」（我姊姊是你的老師）。因為老二太可愛，所以他笑了好久。

老二應該是想說：「你是我姊姊的老師！」卻用荒唐的句子逗得老師哈哈大笑。回家後，我告訴老公這個小插曲，在一旁的老大馬上指正出句子的錯誤。我告訴她，我們是外國人，即使說錯，老師也聽得懂，重點是敢開口才有進步的機會。希望老大也能擁有老二這種在錯誤中學習的態度。

老師經常告訴學生們，並不是說得一口流利的英文或法文，才能進入正規班，要是因為怕犯錯而什麼話都不敢說，老師就不知道學生的程度，更無從判斷學習狀況。

換句話說，對於學生來說，學習態度和個人想法更重要，對錯並不重要。老師還說，即使在閱讀或筆試獲得好成績，若上課時間都不發言，一樣不能進入正規班。老大很努力背單字，每次考試都拿高分，韓國小學的語文題也都能答對，所以我以為她英文很好，但那只是我的錯覺。

我跟孩子去郊遊時，會用很爛的法文主動跟同學們聊天。有時，我看不懂學校作業，還會到附近的麵包店，點杯咖啡和麵包小坐一下，等到國、高中生走進來，我就湊過去向對方請教。當然，這當中混雜著我的破爛法文，如果對方願意教，我就讓出位子。無形中，孩子為我創造了練習口說的機會。

此外，到咖啡廳，我也會用不流利的法文點咖啡，孩子的飲料則由她自己點。孩子看到店員竟然聽得懂我的破法文，便也鼓起勇氣去點餐。當孩子說她學會數字時，我們就一起去麵包店，點一個長棍麵包和三個可頌，讓孩子練習說出在學校學到的數字。

「你說得不對，但你沒有錯。」

能否說出答案並不重要——**當孩子表達自己的想法時，面對他人的指正，應該要能彈性調整想法**，這是我後來才領悟到的。

以前我在上課時，會認為說出正確答案的孩子有乖乖上課，沒有答對的孩子就是沒有在聽課，所以我在家裡也會說：「媽媽不是說過了嗎？妳都聽到哪裡去了？」當時的我並不關心孩子到底能否表達想法，只希望聽到正確答案。

不過，我在法國學到——即使答錯了，孩子也沒有錯。

旁觀育兒祕訣

正確答案並不重要，即使答錯了，孩子也沒有錯。

7 多流汗、多流淚

剛結婚時，我曾因為婆媳問題而苦惱。每次我從婆家回來，向老公訴苦時，老公的第一句話就是：「我媽媽不是那種人，妳誤會了。」、「你的意思是我在說謊嗎？」我們的談話總是以吵架告終。

後來，到了要回娘家的那天，婆婆突然打電話叫我們過去，老公便對婆婆說：「媽媽回娘家天經地義，難道能回婆家嗎？」斷然拒絕後便掛斷電話。雖然是老公掛的電話，他也一直想幫忙解決問題，但婆婆反而對我不滿，結果最後還是我去收拾爛攤子。

倘若老公試圖介入婆媳，我們夫妻就會大吵一架，在孩子的問題上，我也會和老公犯同樣的錯誤。

例如：當孩子跟同儕之間有摩擦時，我們會說：「他可能沒有那個意思。」

希望孩子能理解對方，化解彼此的心結，還會雞婆的問：「你對他做了什麼，怎麼會發生這種事？」

假如孩子拿著冰淇淋走到一半，冰淇淋掉在地上，我們會說：「哎呀！你應該要小心一點，都掉下來了！媽媽不是說過不要邊走邊吃嗎？現在怎麼辦？」然後慌慌張張，但其實只要說：「你只吃一點點就掉下來了，應該很難過吧？」然後再收拾即可。如果可以就再買一個，要不然也可以跟哭泣的孩子說：「是啊，你沒吃到很傷心吧？下次吃的時候，要小心一點。」

「你一定很傷心。」

雖然我們想化解孩子難過的心情和掉在地上的冰淇淋，但事實上我們無能為力。就像老公無法解決婆媳問題一樣。其實，只要好好傾聽對方就可以了。

「掉在衣服上了。衣服都溼掉了，很不舒服吧？」

「你弄丟玩偶了？你之前那麼珍惜，現在不見了，你應該很難過。」

孩子肯定會哭，或者會因為不舒服而十分煩躁。**這時最好什麼話都不要說，稍微等他一下**。

有時候，我也會因為心情不好而對老公發牢騷。本來只要聽完就沒事，但如果老公一直問個不停，我就會難過又生氣。孩子們也一樣。

當孩子有點不舒服或煩躁時，不妨就放著孩子哭泣或者抱怨。有時，我會拿起相機拍照，或是讓自己稍微從當下的環境抽離。

在老大還小的時候，我還很焦頭爛額，直到老二出生後，生活才開始有了餘裕。因為我知道，幼兒時期很快就會結束，以及這歲數的孩子哭鬧有多麼可愛。

第一胎時，我把安撫孩子視為當務之急，並且感到很棘手。但等孩子們長大後，我看到這些照片，反倒會心一笑。正因如此，我在照顧老二時，拍下了鼻涕掛在鼻子上的照片，以及闖禍、耍賴、哭鬧的照片。

不要光想著要解決孩子的哭鬧，就當作是一種回憶，一笑置之吧！

如果每次孩子哭鬧時，父母都說：「你怎麼哭了？什麼事讓你傷心？這種時候要這樣說，你跟我說一遍！」這樣會累壞的。

要是孩子繼續哭鬧，你可能就會崩潰大喊：「我不是跟你說過了嗎？」孩子哭鬧時，長輩常說：「孩子們身上有很多水分，所以要流很多汗，也要流很多眼淚。」就是指小朋友要把體內的水排出去，才能睡好覺。

這句話偶爾會讓我得到安慰——是啊！就多跑一點、多哭一點吧！

旁觀育兒祕訣

孩子們身上有很多水分，所以要流很多汗，也要流很多眼淚。

8 不要強迫老大禮讓

「你買了香奈兒包嗎？可以借我背一次嗎？」

如果朋友想借，我會看對方是不是能珍惜物品的人。我連家人也不願意借，而且有誰看到包包被弄髒後，會說沒關係呢？

對於賺錢的大人來說，高價的東西很珍貴、很貴重，但對於孩子來說，無論價格高低，他眼中的貴重物品就都是珍貴的名牌。

你會跟孩子這樣說嗎？

「你就借他吧！你會禮讓，真的很棒耶！」還是說：「這是你非常珍惜的東西，如果你不願意借給別人，你可以借他其他東西嗎？」

但是，如果把孩子珍惜的物品視為名牌包，就可以理解孩子為什麼不願意讓步並且知道該怎麼對話。

大人不該強迫孩子禮讓，也不該斷定不禮讓就是壞孩子，或是願意禮讓就是善良乖巧，不願意就是不順從。孩子幾年前還穿著尿布走路，需要父母把屎把尿，隨時都可能因肚子餓而嚎啕大哭，你卻要他幾年後，就能為他人著想並做出讓步，這樣太貪心了。

我們必須為孩子牢牢守住界線，他才會有安全感。那麼，怎麼設定界線？就從「對，那是你的」這句話開始。

舉例來說，當老二碰了老大原本不屑一顧的玩具時，老大突然生氣，兩人便開始吵了起來。年幼的老二立刻放聲大哭，老大也不想讓步。

「那個玩具妳平常不是沒在玩嗎？怎麼妹妹一摸，就突然生氣了？就借她一次嘛！妳又沒有在玩！」但是可以肯定的是，那個東西是老大的。如果物品歸屬明確，就要承認：「對，那是妳的。」

老二的悲傷要由老二承擔，不能指望老大讓步。這時不能只是產生同理心，說：「原來妳不想借給妹妹。」我們常常希望老大讓步、老二停止哭泣，希望姊妹永遠都能互相禮讓，相安無事。不過，為了不再發生衝突，必須明確劃分界線。

「盤子裡的食物是媽媽的！」

老大剛滿一歲時，我們曾在澳洲某個遊樂場玩沙。遊樂場正中間有公用玩具，大家會各自堆出自己想做的東西，用完就再放回去。雖然有些孩子會一起玩，但有些兄弟姐妹也是分開玩耍。

雖然上述的情況並不能概括一切，不過這確實讓我重新定義——何謂禮讓。在韓國經常會說：「要跟朋友一起玩！」或者說：「要不要借一個給朋友？」有些人還會認為不願意借東西很自私，如果是自己的孩子，就會感到既羞愧又生氣，並因此強迫孩子服從命令。

但在法國，我在餐廳卻看到，**外國家庭不強迫孩子分食、分飲料，而是尊重他們的喜好**。**無論孩子多小，他們都尊重孩子的選擇**。當孩子要吃媽媽盤子裡的食物時，媽媽會拒絕，並說：「這是媽媽的。」這讓我受到了不小的衝擊。

他們在尊重孩子選擇的同時，也教育孩子不要越過他人的界限。

老二出生後，我就明確劃分出空間和物品的界限。我叫老大把東西分成能分享、不能分享。然後，色鉛筆、簽字筆、膠水等各種消耗品，我都準備了兩個，並貼上姓名貼。在孩子還不識字時，我用彩色貼紙來標示物品的歸屬，房間另一側則是專屬於老大的空間。

不管老二哭得多麼傷心，如果是老大的物品，我就放著老二哭。其實那只是消耗品，所以老二想借來用，但我還是會堅決拒絕。所有權劃分清楚後，孩子們反而更會體貼並禮讓。有時老大找不到膠水時，老二會把自己的膠水借給姊姊，使用完畢後，彼此還不忘說謝謝。

不要強迫孩子禮讓。當各自都不缺物品時，就會開始禮讓和關懷。雖然大人們是出於好意，但這麼做卻會讓孩子以為大人不站在自己這邊。

相反的，**當孩子擁有自己的東西時，他們反而更能區分物品的歸屬——這是你的，不是我的。**

旁觀育兒祕訣

✕「就借一次嘛！你又沒有在玩！」

「這是你非常珍惜的東西，如果你不願意借給別人，你可以借他其他東西嗎？」

○「不想借沒關係，這是你的東西。」為孩子牢牢守住界線，他才會有安全感。

9 媽媽很忙，讓孩子多等一下

「為什麼要一直吵？你沒看到媽媽正在忙嗎？等一下。」

雖然孩子叫我做的事情沒什麼大不了，但我很生氣；我正在做的事也沒什麼大不了，這也讓我很生氣。孩子心情變差，我的心情也變差，但很快的，歉意瞬間湧上心頭。

後來我一邊幫孩子，一邊說：「妳看，再等一下不就好了嘛！等一下就會幫妳，為什麼要一直哭、又被我罵？」還訓了她一頓。我因為受不了哭聲，終究發了脾氣。

但現在我改變做法了。

反正我到最後一定會幫忙，孩子就是得要等我，所以我選擇讓孩子繼續哭，我說：「媽媽現在很忙，等我一下。」但孩子依舊哭個不停。

於是，我一邊聽著她哭，一邊做我該做的事，忙完才說：「謝謝妳等我。」並在此時開始幫忙。她哭了幾次之後，後來就不哭了，而是等待我。

這結果出乎我的意料。我只是遵守跟孩子之間的約定——**做完手邊的事就會幫他，孩子似乎就學會了等待，並且停止哭鬧**。

當時老大大約三歲左右，老二滿一歲時，多少也能聽懂我說的話，於是我用同樣的方式讓老二等待，結果哭鬧也沒有維持很久。

我一到週末就想多睡一點，但孩子們卻精力充沛，一早擺好扮家家酒，叫我起床吃，或是畫完畫叫我去看。要是我還不起來，她們就說自己餓了。

這時，我不是跟孩子們說：「待會就起來。」、「媽媽再多睡一下。」而是設定定時器，說：「媽媽現在太睏了，再睡半個小時就起床。」

孩子們會設定倒數計時器等半個小時，而我也一定會在約定時間內起床。

有些書說要及時滿足孩子的要求，有些書說要利用延遲滿足。每個孩子不一樣，每對父母的狀況也不一樣。我不是那種洗碗洗到一半還會脫下手套、馬上滿足孩子要求的好父母，所以我決定教孩子等待。

即使孩子在哭，我也會先做好該做的事。等事情做完，就會跟在一旁哭著的孩子說：「謝謝妳等我。」

「媽媽現在很忙，等我一下。」

在孩子還很小的時候，必須及時滿足他們的需求。根據安德斯．艾瑞克森（Anders Ericsson）的心理社會發展理論，在一歲前建立依附關係，要迅速、精準的滿足孩子的需求。嬰兒期是用哭來表達一切。倘若孩子變得煩躁或經常耍賴，就是因為父母沒有及時回應要求。

等孩子再長大一點，就要改為延遲滿足[4]**，讓孩子學會停止哭鬧並等待。**

4 在一九六〇年代，由史丹佛大學（Stanford University）心理學家華特．米歇爾（Walter Mischel）提出，是指人們抵抗眼前較小的利益，以期望在未來獲得更大的獎勵；一般適用於三歲以後。

萬一孩子鬧脾氣超過限度，可以先滿足其需求，等情緒穩定後再教他等待。

當然，每個孩子的發展階段、喜好都不同，所以要調整速度。

老大一直到三歲，才學會停止哭鬧並等待，所以在那之前，我洗碗洗到一半都要摘下手套去幫忙，而老二則是一歲之後就學會等待。

叫孩子等一下吧！當計畫不如預期時，真的會很容易生氣。而且，出門前常常要做很多家事，例如：把衣服拿去洗，或是先晾好才能出門，這時如果孩子到處喊「媽媽」，只會讓人更疲憊不堪；如果老公是豬隊友，搞不好永遠出不了門。

此時，必須清楚的告訴孩子：「請等我一下。」尤其是孩子們並不知道媽媽到底有多忙，所以經常會爭先恐後黏著媽媽。

「媽媽正在晾衣服，我晾完再過去，等一下。」

「媽媽正在洗碗，洗完再幫你，等一下。」

當然，孩子看到媽媽很忙就能立刻理解，那再好不過，但是孩子們有時並不知道大人要做哪些事。

所以，跟孩子們說明媽媽很忙並叫他們等待吧！孩子們可以等待的，只是媽媽一定要遵守約定。

孩子們總是原諒生氣的我們並且耐心等待，不是嗎？只要遵守約定，孩子們隨時都願意等待你。

旁觀育兒祕訣

✕「為什麼要一直吵？你沒看到媽媽正在忙嗎？」

「我待會就起來。」

○「媽媽正在洗碗，洗完再幫你，等一下。」

「媽媽現在太睏了，再睡半個小時就起床。」

10 老大的名字不是「姊姊」

「媽媽，老師叫我不要叫他老師。」

這是什麼意思？我想起電視劇裡媽媽大吼著說：「從現在開始，我不是妳媽媽，我也沒有妳這樣的女兒。妳不要再叫我媽媽！」一想到孩子到底是犯了什麼錯，老師才會說出這種話，我的心情就變得很沉重。

「老師的名字是帕斯卡，所以要我叫他帕斯卡。」

就像我們不會把員工說成「職員」、不會稱呼說話的人「說話者」一樣，原來老師是希望大家不要以職業稱呼，而是直接說出他的名字。

「姊姊能幫妹妹換尿布嗎？」妹妹出生後，我的大女兒的名字就立刻從瑞允改名為「姊姊」。

「祝妳生日快樂，祝妳生日快樂，祝親愛的姊姊生日快樂。」老大生日時，我一邊把老二抱在懷裡，一邊唱生日快樂歌。我慶祝的不是瑞允的生日，而是姊姊的生日。

婆婆平時都是稱呼我「瑞允的媽」或「銀雅」，當她叫我「媳婦」時，就是想教我做媳婦道理的時候。

也就是說，雖然平常是叫女兒、妹妹，但當我大聲喊著孩子的名字時，就代表有些話想對她說。稱呼有很深的涵義。

「**姊姊**果然不一樣！姊姊很會禮讓，真了不起！」
「雖然是**妹妹**卻會禮讓，太棒了！」
「天啊！妹妹做得比**哥哥**更好耶！」

有時我們無心的稱讚會帶給孩子傷害。在無意間替孩子們排序、賦予角色，希望年長的孩子能讓步，不要爭吵，反過來說也是一樣。

「媽媽，我希望妳不要一直罵姸秀。媽媽罵得太過分了，所以就算姸秀誤會我，我也不會說出來。」

我偏袒老大的行為，反而讓她很辛苦。由於老二總是跟老大頂嘴，作勢要打姊姊，於是我把老二帶到玄關前狠狠訓斥，還說如果再繼續這樣，就請她離開家裡。

當我打開家門，作勢要把老二趕出去時，本來就不擅言辭表達的老大更加沉默。

在事情發生的兩個月後，姊姊才說，因為我一直要她扮演好長女的角色，所以她不計較、處處讓著妹妹，當妹妹對某件事表現出企圖心時，她就先放棄。

在每天十五分鐘的上學途中，我會跟孩子們聊些內心話。

當我問姊姊如果可以重來，想成為什麼時，老大說：「我要當自己。不知道為什麼，但是我喜歡自己。」去年老二被問到這個問題時，她的回答是「想成為珠珠的祕密[5]」。

因為答案太可愛，於是我今年又問了一次，原本期待她說出沒頭沒腦的可愛答案，其回答卻令我心頭一震——她說自己想成為姊姊。

由於妹妹在說話表達、體格、跑步等方面都贏不了姊姊，所以偶爾會因為鬱悶而想打姊姊，然後被我罵。

「假裝打人也不行，那是壞孩子做的。不能那樣對姊姊！」老二覺得自己是個壞孩子，她說：「我很壞，所以我想變得跟姊姊一樣善良。」我這才意識到，我自以為是為了孩子好，實際上卻傷害了她們。

每當我把老大穿不下的衣服給老二穿時，內心深處都有些愧疚。拿出孩子們以前的照片，靜靜端詳照片中老大的臉時，我會因為感到抱歉而鼻酸。

原來她也曾經那麼幼小。每次幫老大買新衣服時，我都會覺得這孩子真的長大了。另一方面，看到穿著二手衣的老二，也會感嘆時光飛逝並感到遺憾。

「她是這麼幼小又漂亮的孩子，為什麼當時的我看不到呢？」不禁悲從中來。

5 韓國動畫，原文為치링치링시크릿쥬쥬，珠珠是一位喜歡做蛋糕的平凡女孩。

老大來到法國後，應該很害怕，也很難適應學校，可是看到老二哭著大喊說不要上學，她便不動聲色的默默去上學。

我偶爾會在學校操場看到老大偷偷擦掉眼淚再擠出微笑，看到這景象，我還寧願她哭哭啼啼。

以前我認為老大個性格內向、不善於表達，但我現在認為可能是因為我的養育方式太過笨拙，沒能用愛來擁抱她。如果老大變成老二會如何？如果她一出生就是老二，會不會愛撒嬌、鬧脾氣又任性？

一三五聽你的，二四六聽媽媽的

等以後再大一點，老二穿著現在老大的衣服時，我又會有多心酸？

我決心要把老大和老二都當成孩子，盡量不使用「姊姊」這個稱呼，因為我想公平對待兩個孩子，不讓老大扮演任何角色。

在國外，每當要解釋韓文中男女稱呼不同[6]時，就覺得這是韓國特有的文化。在路上遇到外國朋友的小孩，我從來不用煩惱稱呼，對方就直接稱呼我孩子的名字，而我的孩子也會直接叫對方的名字。我甚至認為，長幼有序是對長輩該有的禮節，並不一定適用於兄弟姊妹之間。

「因為妳是姊姊，所以要禮讓。」

請把姊姊這個詞換成名字，一旦改口說：「因為妳是瑞允，所以應該要禮讓。」就會覺得這句話毫無道理。老大出生的目的並不是要成為老二的父母。但是，在只有姊妹兩個人的情況下，老大自然就會保護老二。

老大有時會一把抱起不太會跑步的老二，或是在跟朋友一起玩鬼抓人遊戲時，讓妹妹加入；下雨天，老大怕妹妹的鞋子溼掉，會貼心的抱起妹妹，迅速跳

6 男生稱呼比自己年長的男性，會叫「형」（hyeong）、叫姊姊則用「누나」（nuna）；而女性稱呼哥哥的話，則是「오빠」（Oppa）、叫姊姊則用「언니」（onni）。

過水坑或過馬路。我還看到，她們在法國學校餐廳見到面，互相打招呼，一副鬆了一口氣的樣子；這讓我覺得就算這兩個人在家吵架也沒關係。

於是，在我發現自己稱呼老大為姊姊，對老二則直接叫名字時，我便決定不再叫姊姊，而是直接叫名字。

光是改變稱呼，就不會給孩子太大的角色期待。同時，我也會讓孩子們制定自己的日子。比方說，一、三、五是老大的日子，二、四、六是老二的日子，星期天則是爸媽的日子。

所以，我不會說：「妳是姊姊，所以要讓妹妹、忍耐妹妹。」、「妳是妹妹，所以要好好聽姊姊的話。」

雖然我也希望孩子們互相禮讓和體諒，但是對於他們來說，**利己比利他更重要**。

根據美國心理學家勞倫斯．柯爾伯格（Lawrence Kohlberg）的道德發展階段，孩子們必須先讓大腦發達，道德判斷才能發展。

也就是說，認知能力要發達，道德判斷才能一併發展，因此實際上孩子很難理解禮讓和體諒的概念。

如果因為是哥哥、姊姊，就要他們禮讓，孩子們反而會覺得父母偏袒弟弟、妹妹，手足關係也會惡化。

常常叫孩子的名字吧！孩子們都還小，只多弟弟、妹妹幾歲，不要用哥哥、姊姊這種稱呼加重他們的負擔。孩子的名字不僅獨一無二，在弟弟、妹妹們出生之前，就已經是很珍貴的存在。**老大的名字既不是姊姊，也不是哥哥。**

母親的言語會激發孩子的潛能

「瑞允是撒嬌精！真的很會撒嬌！」

如果是認識我大女兒的人，聽到這句話時，一定會很驚訝。在老大剛滿兩歲時，我要買幼兒園餐具和午睡棉被，結果她選擇了沒有卡通圖案的不鏽鋼餐具組和白色的棉被。

「她是個米白色的孩子。」這是幼兒園老師在第一學期的評語。她喜歡穿黑色運動鞋，搭配白色T恤和牛仔褲，非常適合甜酷風。當我說這樣的孩子是撒嬌精時，老大就問我：「我很會撒嬌嗎？」

老大以前很會撒嬌，但是妹妹出生後，她就放棄裝可愛，似乎也同時放棄了撒嬌，只想要表現出姊姊的樣子。

然而，一年後，她開始改變了——原本總是把媽媽讓給妹妹，後來也會主動抱我；原本只是發楞看著妹妹撒嬌，後來也會跟著抱妹妹，甚至瘋狂的親妹妹，然後跟爸媽說我愛你。雖然老公無時無刻都會對孩子們說我愛妳，但老大的本性很害羞。這樣木訥的孩子突然開始說我也愛你，然後不知從哪天起，還會口齒不清的抱著我撒嬌說：「媽媽，我愛妳。」

位置會造就一個人。在我稱呼老大為姊姊的那一刻，孩子在不知不覺中就想成為姊姊；當我給了「撒嬌精」的位置，老大就成為了符合其年紀的孩子。

「長女」或許就是這樣培養出來的。老大本來應該很想撒嬌、想躺著耍賴，卻被突然出生的妹妹搶走了位置，所以她就裝作自己已經長大，長大後就真的變成了長女。

創造機會，讓孩子們發揮潛力

我在學校會替小朋友們取「綽號」，然後在一年內如此稱呼孩子，讓他們發揮無限的潛力。

比方說，早上我和孩子們一起寫詩，有個孩子覺得很難寫，我便幫他取了「詩博士」的綽號，然後每次寫詩都大力稱讚。一開始他寫不好，但在第二個學期，他卻創作出非常美麗的童詩，好到所有人對此大吃一驚；對於不太會整理的孩子，我叫他「清潔王」。一開始他也不太會打掃，但一個月後，不知不覺就變成整理高手；有個孩子每次上體育課都在搗蛋，於是我請他擔任體育股長，結果這位學生不僅把同學照顧得很好，也很認真上課。

孩子們總是想讓父母高興，他們會記住父母無心說出的話，並且努力達成期待。對於猶豫要不要撒嬌、努力想變成大人的老大，我稱讚她的撒嬌充滿孩子氣；對冒失鬼的老二，我稱讚她的細心。

只要賦予位置和角色，就有機會拓展孩子們的潛能。

每一年我都透過教育讓孩子明白，只要改變稱呼，他們就會進步很多，不需要花錢，也不費力，更不需要指導或指責，說：「如果要寫出好詩，就要這樣做，這裡要不要減少？要不要換成這個字詞？」

旁觀育兒祕訣

和孩子聊聊

在上學路上，不妨用以下的問題，和孩子們聊天談心吧！只要聽孩子的想法就好，不需要提出任何建議或教訓，如果一直嘮叨個不停，下次孩子就不會說了，或者只會說父母喜歡聽的內容。

1. 如果可以重來，你想成為什麼？
2. 你最羨慕的朋友是誰？你羨慕他哪一點？
3. 如果你當弟弟、妹妹（或哥哥、姊姊），你覺得哪一點最好？

4. 今天早上你和姊姊互換角色，感覺如何？下午要繼續嗎？
5. 如果你是媽媽（姊姊／爸爸／朋友），你想成為什麼樣的媽媽（姊姊／爸爸／朋友）？
6. 如果家裡的小狗會說話，你覺得牠會說什麼？
7. 我們來玩心電感應遊戲，你喜歡西瓜還是喜歡蘋果？三、二、一！
8. 你讀過童書《魔法糖果》[7]（*Magic candies*）。你想要怎麼樣的糖果？
9. 如果整個世界突然停止，只有你能動，那你會想做什麼？
10. 在你看過的書當中，哪個主角最幸福（最可憐）？

7 韓國知名女作家白希那的兒童繪本作品。

11 如何提高注意力？到戶外走一走

「我的孩子在看知識型漫畫、玩樂高或做自己喜歡的事時，真的很專注，但一念書就不行。」

專注力可分為被動、主動。被動專注力，是指做自己喜歡的事時能保持專注，例如看 YouTube 或打電玩，不用特別努力就能很專注。但這種專注力其實是一種假象，往往需要樂趣和強烈的刺激來維持。

換句話說，**孩子很專注的在做自己喜歡的事，並不代表專注力沒有問題**。真正要培養的，是主動專注力，也就是投入在無趣事物的專注力，對學生來說是讀書，對大人來說則是工作。如果只想靠微弱的刺激來完成某件事，就需要高度的主動專注力，但這得從小開始培養。

一般來說，要到國中、高中，才能養成自主學習。在小學時期，為了培養學生的主動專注力，必須透過完成不想做的事，來教導孩子成就感。

此時，就要清楚掌握孩子的程度，並且在過程中給予鼓勵，幫助孩子克服困難。

放假期間，我每天都會叫孩子們寫兩頁習題，有兩、三本要寫，因為老大一天最多只能寫六頁，所以通常會拖到晚上。

我很清楚，在一肚子氣的情況下，我無法對孩子說什麼好話。尤其看著孩子每寫一題就玩三十分鐘、再寫一題後再玩三十分鐘，我就怒火中燒。

事實上，這些話已在我腦海裡重覆了無數次：

「不想寫就別寫了。大家都在努力讀書，有的還上補習班，妳在家裡連這個都不寫怎麼行？」

「現在是媽媽要讀書嗎？這不是妳該讀的嗎？那妳不是應該更認真、更努力嗎？」

「媽媽一直在看時間，妳是毛毛蟲嗎？連三十秒都坐不住！」

「這題去年不是複習過了嗎？怎麼可能不會寫？」

「無法專注嗎？我們去外面走一走吧！」

期待小學階段的孩子專注是一種奢求，因為這種主動專注力連大人也很難具備。因此，父母不能只是在嘴巴上跟孩子說「你要專心」、「不要做別的事」、「不要想別的」，應該要打造出能夠提升專注力的環境。

例如，我會帶著習題跟孩子一起出門，因為家裡有太多干擾的因素，連我也無法專注在孩子身上。所以，我們把習題帶到車上、院子、麵包店、公園，在規定時間內完成後，回家就可以開心的玩。後來孩子們說：

「我早上讀了一點點之後再玩，很有成就感！」

「我玩得很開心，寫題目好像更順利了！我要先寫明天的題目！」

我在學校也會要求學生桌上只擺必需品，其餘都收進抽屜裡，至於無法專注的孩子則必須把東西統統放到置物櫃。也就是說，桌上只有課本、鉛筆和橡皮擦，會分散注意力的東西都必須消失在視線範圍內。

整理好書桌，在上課前，我會讓大家冥想一分鐘，也就是靜下心來。儘管如此，孩子其實專注很難超過四十分鐘。和尚在開始托缽供養時，也會放棄貪欲，只專注於進食；也就是說，一次完成一件事並不容易，就連吃東西也是如此。

如果孩子們無法專注，就要創造可以專注的環境，並且讓他們擁有專注完成一件事的成功體驗。這樣的經驗累積多了，就能培養出專注力。

旁觀育兒祕訣

桌上只有課本、鉛筆和橡皮擦，會分散注意力的東西都必須消失在視線範圍內。

12 舉行書桌塗鴉、撕作業比賽

「老師雖然很可怕，但老師只會在我們做錯事時罵人，所以沒關係，而且做錯本來就應該被罵。撇開這點，老師真的很好，而且幾乎有求必應，上起課來也很有趣！」

在我還是實習老師時，學生們在班上不會吵架，上體育課時也都很有秩序，連上課態度都很好。我問孩子們：「班導有點可怕，對吧？」結果就聽到了上述的回答。

班導說，雖然他會在孩子們做錯事時嚴厲責罵，但如果希望罵得有用，平時就不能常罵。他還說，為了教導孩子何謂對錯，得和他們建立良好的關係，該嚴厲就要嚴厲，該慈祥就要慈祥，甚至睜一隻眼、閉一隻眼。

老一輩的人總會說現在的年輕人很沒有禮貌，現在我成為大人後，大家都說ＭＺ世代[8]很不一樣，但我認為，能認同年輕文化並尊重的人，才是真正的大人。

有一位朋友說，ＭＺ世代渴望建立不黏膩、淡如水的人際關係；也有人說，他以前沒有育嬰假[9]，所以是一邊上課，一邊讓孩子睡在課桌下；也有人表示，育嬰假的重點是母親的健康，所以一定要把孩子送托嬰，讓自己擁有個人的時間。

就我的觀察，孩子們喜歡和老師一起唱饒舌歌、練習偶像舞蹈；或是下課播放偶像的音樂，一起唱歌；或是喜歡老師一起跟流行，例如製作貼紙、收集寶可夢（Pokémon）卡片。

當孩子們看到大人們努力，並且尊重他們的文化時，孩子們也會尊重大人。

8 M世代（Millennials）是指一九八一年到一九九六年間出生的人；Z世代（Generation Z）則是一九九七年到二〇一〇年出生的人。

9 凡受僱者任職滿六個月後，於每一子女滿三歲前，得申請育嬰留職停薪期間至該子女滿三歲止，但不得逾兩年。

就像我努力理解孩子們一樣，他們也會理解我的真心，即便言語和語氣偶爾不中聽。

我想以成熟大人的身分接近孩子，而不是以長輩的身分。即使有時沒把握，也能好好溝通；或者即使沒能好好說話，孩子們也會主動靠近。若想讓嚴格教育奏效，就必須和孩子建立相互信任的基礎。

在諮商中，形成「投契」（rapport）關係非常重要。人與人之間搭起橋梁就是形成投契關係，橋梁要連接起來，心意才能通。無論是好話、教育還是訓誡，若希望能正確傳遞給孩子們，就得先搭起橋梁。

這麼一來，即使偶爾有一些不愉快，彼此的心意也能相通，並理解對方並不是討厭自己。

小時候，父母經常幫我買偶像演唱會的門票，還會載我去會場，甚至結束後再載我和朋友們回家。當我發現電玩很有趣時，父母就跟我一起選遊戲光碟，預購音樂節目表演的第一排座位；父母還為此加入了後援會，幫我買東西。

以前我喜歡摺色紙，父母就買了一箱色紙，讓我可以盡情摺紙。只要不是關乎性命的問題，我想做什麼，他們都讓我去做（當然也會過度關心和過度干涉）。

我的母親，是一位可怕、嚴厲的母親，雖然她會嚴格糾正我的行為，但同時也會尊重並理解、支持我想做的事。

我出的作業是玩遊戲

父母在教育孩子時，應適度引導並予以支持，尤其是在探索新事物時，與其強烈反對或禁止，不如提供安全的選擇和正確的指導。

比方說，如果父母反對孩子戴彩色隱形眼鏡，孩子可能會戴廉價劣質的隱形眼鏡，危害眼睛健康；想化妝的孩子可能會買廉價化妝品，在上學的路上化妝，然後沒仔細卸妝就回家。

與其如此，倒不如幫孩子買副好的隱形眼鏡，並告知正確的配戴方式和保存方法，或是選擇有品質的化妝品和卸妝產品。

在學生時代，總是什麼事都想嘗試。雖然變成大人之後，會覺得化妝很麻煩，但青春期最在意外表，所以才會想打扮、想畫個漂亮的妝。還有，被限制只能玩電玩一個小時，反而讓人更想玩，爸媽不妨一起玩、感受遊戲的樂趣，然後再慢慢調整玩遊戲的時間。還有，也可以乾脆出「玩電玩」的作業，讓孩子厭倦電玩（如果你有勇氣）。

如果想讓孩子厭倦電玩，就要狠下心，一次玩超過三、四個小時。重點是，期間不要給他吃飯，也不要哄他睡覺，只要在旁邊看著，然後就像工作一樣，要求孩子認真去玩。

說不定前一、兩天他還會很開心，但不管是再開心、再有趣的事，一旦變成工作就會很無趣，而且要是旁邊還有可怕的上司，那就更煩人了。

育兒的標準固然要明確，但範圍卻不能限制太多。如果這個也不准、那個也不准，孩子們肯定會抱怨：「什麼事都不能做，到底我還能做什麼？」

老公喜歡足球，所以在孩子們還小的時候，會早起出門踢足球。我當時對這件事很不滿，但老公仍然我行我素，來到法國後也找到足球俱樂部，每週都去踢足球。

現在，孩子們已經長大了，所以我也開始有餘裕，便自在的說：「你就去踢球吧！」很不可思議的是，結果他竟然說：「之前妳不准我去，所以每次去踢都覺得很好玩，但妳一同意，我反而就覺得很無聊！」

這聽起來很像瞎扯，不過連大人都如此，孩子們肯定也是這樣。

學校舉辦同樂會時，有手足的孩子會搶著吃，但獨生子女的孩子則是一臉平靜的吃。老大因為有輕微的異位性皮膚炎，所以平常不能亂吃，但如果到了可以吃餅乾或軟糖的日子，她的眼神就會閃閃發亮。

總的來說，要好好教育孩子，除了幾個重要原則外，其他都可以靈活應對。只要育兒原則嚴謹且堅定，並且理性看待孩子的成長，他們就會更願意聽從指導，效果也會更加顯著。

旁觀育兒祕訣

舉行書桌塗鴉、撕作業比賽

很多學生上課會在桌上偷偷塗鴉，所以我舉辦了書桌塗鴉比賽，用鉛筆塗得最黑的人就能獲得冠軍。原本人家都覺得很容易、很簡單，實際完成後都累壞了，之後也就不再亂塗鴉了。

比賽結束後，我還會發給每人一顆科技海棉，讓他們把桌子擦乾淨。結果，那些簽字筆和奇異筆痕跡也都清乾淨了（如果是高級書桌，要避免表面塗層被破壞）。

還有，很多人常常會在走廊奔跑，所以我也舉行了走廊跑步比賽。

此外，孩子們也可以撕書、丟書。

孩子們在學校每天都要寫作業，我會在結業式那天，讓學生亂撕一通，把他們對寫作業的憤恨，以及寫不出來的難過心情，全部發洩出來。

大家不妨和孩子們一起撕掉習作吧！

在家也可以舉辦很多比賽。比方說，我會給每人一捲衛生紙，讓他們盡情的拉，然後纏在彼此身上，捆成木乃伊，或是撕開後亂丟。之後，再把衛生紙收集起來，貼在紙上，或是把顏料裝在藥罐裡潑灑，玩美術遊戲。

孩子們會開心的把衛生紙撕開後亂丟，或是收集起來捏成一顆球，像在打雪仗一樣玩耍。如果能在兩分鐘內收集完並丟入垃圾袋，我就會再送一人一支冰淇淋。

如此一來，孩子們不僅很開心，連打掃的問題也一併解決了。

在扔掉包裝泡泡紙之前，我一定會叫孩子們用力踩；瓶裝水喝完之後，我不會馬上丟掉，而是會收集所有塑膠瓶，叫孩子們用腳踩；有時是扔水球，有時是在浴室盡情的噴灑沐浴慕斯；還會故意堆出很高的積木，然後讓孩子們用腳踢倒。

以安全為前提，我偶爾會藉由一些激烈的遊戲，釋放孩子們的壓力。如果不允許，孩子就會更想做，但實際做了之後，就沒事了。

13 經常問孩子：「有什麼需要幫忙的？」

在某次要去旅行的早上，我因為身體不舒服，跟老公說我要躺一下，當時老公也還沒起床。出門前除了要整理行李、張羅孩子們的早餐，還要準備零食，但是只顧自己的老公，只想等我起床。孩子們還穿著睡衣，也沒洗臉，就在屋裡到處玩。由於這趟旅行不能取消，於是我只能勉強起身收拾，老公則因為受不了我的目光，開始東摸西摸。

善於察言觀色的老二似乎發現我心情不好，因此動作變得既快速又俐落。雖然某件衣服他不太想穿，但當我叫她穿時，她二話不說就穿上了，而且老大平時洗漱總是拖拖拉拉，這次竟然已刷完牙。

至於比較粗線條的老大，則是噘著嘴說不喜歡我選的衣服，也許是因為樣子很討人厭，使得一大早被老公惹惱的我，開始把怒氣發洩在孩子身上。不會看臉色的老公這時還插嘴：「妳幹麼突然對孩子發脾氣？」於是我大聲回答：「我不去了！」

我希望老公至少能問一句——需要幫忙嗎？不，最好不要問，而是直接主動過去幫忙，但如果不知道該做什麼，我希望他至少能問一下：「有什麼需要幫忙的嗎？」

妳一定也有這樣的經驗——當孩子正在做某件事，而且不太順利時，大人如果插手，孩子就會突然哭出來。雖然大人的本意是想幫忙，卻惹得孩子哇哇大哭，反倒令媽媽十分錯愕。

比方說，撕開冰棒頂端，孩子就哭著說她要自己撕、為什麼要幫她撕；由於擔心孩子不太會剝香蕉皮，就幫忙剝掉蒂頭，結果孩子哭著說她想要自己剝，為什麼要幫她剝，還叫我黏回去。因為看到孩子做得很費力才幫忙，卻惹來一肚子氣。該幫就幫，但看來是不需要幫助，孩子才生氣。

如果老公能幫忙收行李就好了，但他卻將要手洗的衣服丟進洗衣機，所以我就直接爆炸了。

「有什麼需要幫忙？」

這個問題可以讓孩子練習獨立完成一件事，同時也代表大人隨時都能提供協助。當孩子做得很費力時，我不會主動幫忙，而是說：「不行就說。」孩子在遊樂場想爬到高處時，我也不會立刻插手，只會站在旁邊問：「有什麼需要幫忙的嗎？」除非他主動開口要求幫忙。

孩子總是渴望嘗試新事物，但對大人而言的舉手之勞，卻可能在無形中奪走他們的學習機會。**雖然掃地、剝香蕉皮、按電梯按鈕、用鑰匙開門，對我們來說很麻煩，但世界上所有的事對孩子來說，都是既新鮮又神奇的**。

讀書也一樣，要給他新的問題，讓孩子有機會思考；錯了之後，也要給予修正的機會。

在學法文時，我曾試著在咖啡廳用法文點餐，結果店員突然說英文。以前聽說法國人不喜歡說英文，但看來並不全然如此，有時甚至還遇到法國人因為不懂英語而道歉。這個時候，我都會回答：「這裡是法國，該說對不起的是我，我不會說法文。我正在努力學法文。」

問題是，如果對方直接說英文，我就沒辦法練習法文了。

某次房屋需要修繕，我便聯絡了房地產公司的人。在法國，從合約到房屋維修，房地產公司都會提供協助。沒多久，有個法國人來我家檢查，並表示只要提供電話，專業修理人員就會來處理。而我因為才剛學會法文數字，所以說得結結巴巴，但那位年輕人仍然非常有耐心的一邊點頭，一邊等我講完法文。

對方慢慢的記下數字，再用法文覆誦一遍，讓我跟著他唸，然後也不忘稱讚我法文講得好。

還有，在韓國，客人會用大托盤和夾子選麵包，然後拿到收銀臺結帳；但在法國，客人必須用手指著架上的麵包，店員才會一個一個的拿出來。如果同時有好幾種麵包，就很難溝通，所以我頂多就是買可頌來吃。

在孩子的學校附近，有一家我常光顧的麵包店，因為跟老闆娘有幾面之緣，我便有了勇氣。某天，我指著蘋果派，結結巴巴的用法文點餐，結果老闆娘一邊親切的告訴我正確的發音，一邊拿出美味的麵包，還不忘露出稱讚的微笑。

在法國人的幫助下，我不斷修正錯誤。就這樣，在咖啡廳點餐、在餐廳買飯、在超市買東西，即使說錯、很丟臉，我的法文程度終於逐漸提升。

因此，我開始有了等待孩子們的念頭，就像親切的房地產員工、學校前面的麵包店老闆娘一樣。

只有不斷犯錯和練習，孩子才能越學越好，儘管做錯，也能投以微笑，這才會讓人擁有再次嘗試的勇氣。

如果我遇到了不友善的法國人，因為聽不懂發音而翻白眼，或者表情不悅的說：「我現在很忙，聽不懂。」當下我就會失去學法文的勇氣，或是因為害怕發音不好，覺得以後應該都說英文。

我們要經常問孩子：「有什麼需要幫忙的嗎？」我們隨時都應該等待，等待孩子不斷犯錯，直到他學會為止。

不必要的幫助，有時反而是一種阻礙，就像親切法國人說英文、就像把我要手洗的衣服扔進洗衣機裡的老公。

旁觀育兒祕訣

我們隨時都應該等待，等待孩子不斷犯錯，直到他學會為止。不必要的幫助，有時反而是一種阻礙。

14 我們為什麼要念書？為什麼要工作？

「媽媽，我可以吃餅乾嗎？」

「這個嘛！餅乾對身體不太好。不過，又不是我的身體，是你的身體會變差，你自己看著辦吧！」

「媽媽，我不想刷牙。我可以直接睡覺嗎？」

「那是你的牙齒，你自己看著辦吧！又不是我不舒服。」

「媽媽，我今天可以晚一點回家嗎？大家都會晚一點回家。」

「你自己看著辦！」

在成長的過程中，我最常聽到的話就是「妳自己看著辦」。媽媽說，不管是身體、成績、生活，都是我自己的，童年的我曾為此感到茫然，但也只有一下下。時光飛逝，這竟成了我主導人生的力量。

因為這是我的人生，所以站在十字路口上，我往往能理性做出最好的選擇，並且領悟到，無論過去有多艱難，也無法阻礙我獲得幸福。

為自己的人生負責，就能變得幸福。而這都多虧了媽媽的那句話：「妳自己看著辦！」

我也將經常對孩子們說：「那是妳的功課、妳的身體。」或是對隨便刷牙的孩子說：「牙齒是妳的，妳自己顧！」

這句話比「你要認真刷牙」，更能讓孩子積極行動。

我班上有個孩子說，因為看牙醫要扣零用錢，所以他每天中午都很努力刷牙。等女兒們長大了，我也想用這個方法，讓他們學會為自己負責。

我們作為父母，當然可以保護孩子，教孩子正確的道路，但無法替孩子活他的人生。只有如此，孩子們才能自己判斷什麼該做、不該做，然後為自己負責。

我們家的孩子即使抓著一把糖果，也會克制自己；看完電視後，會自己關掉；無論有多疲憊、有多麻煩，都會洗澡。我只是像鸚鵡一樣重複說：「那是妳的身體，不是我的身體。」

孩子現在面對的還只是日常小事，之後再大一點，學業、成績、職業、婚姻、人生，都必須由孩子自己決定。記住，讓孩子選擇並負責，這將會促使他們在未來做出最好的選擇。

「那是你的人生，你自己看著辦！」

「老師，我可以塗成紅色嗎？」

「那是你的畫，你想塗什麼，就塗什麼。」

我希望孩子們能多加嘗試為自己選擇、負責，但偶爾我也會遇到有選擇障礙的家長。

「孩子在發燒，要送他上學嗎？還是要帶他回家？」

「醫生說中午要吃藥，藥要放進包包，還是裝在冰袋裡？」

「爸爸得了新冠肺炎，孩子可以上學嗎？」

在需要選擇時，我們往往想徵求別人的意見。然而，實際上，我們應該要先仔細觀察自己的情況，做出最正確的選擇。若在成年前缺乏這類經驗，之後便很難為自己做出決定並負責。

此外，如果父母事事代勞，或孩子總是按照父母的意思、為了取悅父母而行動，他可能就會失去獨立思考的機會。

進入青春期後，情況就更複雜了，不夠獨立自主的人，往往很容易迷失方向——為什麼要努力學習？為了什麼而克制？為了什麼而做出正確的選擇？沒有內在動機，就無法做出選擇。

比方說，因為想珍惜自己，所以決定要均衡飲食、多運動、保持整潔、多閱讀、正面思考。如果由自己掌握人生，就會找到珍惜自己、改變人生的原因。我希望孩子們都能意識到——這是我自己的人生。

詢問為什麼要念書的孩子

「老師！為什麼要念書？」

「你有想過為什麼要念書嗎？」

「媽媽說要努力念書，以後才能做我想做的事。」

「你真的那樣想嗎？」

「不，我就是不想念。」

「要努力念書」這句話的意義其實很深遠。雖然孩子們現在很難完全理解，但我經常和小學高年級的孩子們談論他們未來的夢想。

當我要學生們畫出或寫出自己未來的夢想，他們通常會回答「職業」。但我說，職業只是一種維生方式，大家可以想想看：想在什麼樣的房屋裡、和誰、以怎樣的面貌、做什麼維生？希望自己週末做什麼？成為大人後，晚上會做什麼？有什麼興趣？想要養什麼動物？想住在哪個國家？

像這樣，鼓勵他們詳細寫出各種具體細節，這時孩子就會開始產生幸福的想像。

「我既想當老師，又想當醫生，也想當游泳選手。」

「當上醫生後，可以在醫院工作，也可以去教醫學系的學生，還可以在下班後努力游泳，參加業餘游泳比賽。」

「老師，我想當棒球選手，也想當 YouTuber。」

「成為棒球選手後，做跟棒球有關的 YouTuber 就行了啊！」

「老師！我可以養兩隻小狗嗎？」

「當然！所有想像都可能實現！」

「老師，我要跟爸媽、最好的朋友和弟弟住在同一棟樓！」

「哇！那至少要四層樓的房子吧？」

當孩子們描繪著未來時，每個人的眼神都閃閃發光，有的孩子因為太開心而興奮不已，也有的孩子宣稱要奮發圖強。

因此，每當聽到孩子們問以後要學什麼時，我就無比感激，然後叫孩子們試著思考：為了未來該選擇哪種職業、需要什麼證照、該學什麼東西。

家長不妨多和孩子們聊聊未來，讓他們知道人生要由自己創造。

旁觀育兒祕訣

念書、工作，都是孩子自己的事。

15 讓孩子打開心門的聊天主題

「頭、肩膀、膝蓋、腳、屁股！」

在擔任一年級班導的幾年裡，我發現，當我提到身體部位，諸如腳趾、肚臍、屁股等時，再加上大便或屁股等詞彙，就能抓住孩子們的笑容和專注力。

「好，接下來是……頭、肩膀、膝蓋、腳、膝蓋、肚臍！」

為了讓孩子們專注學習，我還設計了手部遊戲活動。孩子們玩完都笑翻天，全神灌注的上課，一個也不例外。而且，即使玩了一整年也不膩，孩子們的笑聲從不間斷。

從前圖式期（preschematic stage）進入到黨群期（gang age），許多孩子會對畫畫失去自信，不是喜歡，就是討厭。

因此，我會舉辦畫大便或屁屁比賽。只要我問：「誰很會畫大便？誰很會模仿放屁的聲音？」就能轉換孩子們對美術的看法。這是為了提醒他們，不是只有畫得很像才是畫得好。

當孩子們的學習動機越簡單、單純，就越容易敞開心扉。如果是沉默或難以表露感情，也就是難以對話的孩子，只要用最簡單的方法溝通就可以了，很負面也沒關係。

如果要列舉出正面情緒的詞彙，他們頂多只能說出開心、幸福、快樂等詞彙；相反的，如果是負面情緒的詞彙，他們就會滔滔不絕，像是討厭、心情很差、煩悶、憎恨、傷心、想打人。

情緒有很多種，而負面情緒比正面情緒更強烈，這其實是負面偏誤（按：Negative bias，指人會更在意損失或不利的情況）。連不會用言語表達的嬰兒，也懂得以哭來表達自己的情緒。

神經科醫生兼大腦科學家安東尼歐．達馬吉歐（Antonio Damasio）亦認為，人類是先有情緒，之後才有一切的精神活動。簡單來說，在原始時代中，當生存和繁殖受到威脅時，負面情緒會驅動人們保護自己、移動居住地。

在原始時代，因面臨生存威脅，感受恐懼等負面情緒並善加應對，是生存的必要條件。然而，在現代社會中，我們卻不允許孩子感受負面情緒，甚至認為那些比正面情緒更原始、更基本的情緒，不能表現出來。

「最近有沒有遇到什麼煩惱？」

另一個錯誤認知，還有注意力不足過動症（Attention Deficit Hyperactivity Disorder，簡稱ＡＤＨＤ）。

美國脫口秀主持人湯姆．哈特曼（Thom Hartmann）在著作《ＡＤＨＤ與愛迪生基因》（*ADHD and the Edison Gene*）中曾提到，ＡＤＨＤ可能源於獵人基因，並且在過去的狩獵生活中是必備能力。例如：持續觀察周圍環境、瞬間追蹤引起注目的東西。

然而，由於現在已是文明社會，因此擁有獵人基因的人為了適應當今社會，必須努力融入社會。

但是，遇到負面情緒時，我們卻往往不知所措。其實，這些反而是更需要表達出來的情緒。

不妨試著讓孩子在日記中，寫下最傷心的事，並談談該怎麼面對。如果孩子能正視自己的情緒，就能理解並接受別人的負面情緒。

在學校裡，有些學生下課會主動找我聊天。不過，那些平時不說話的同學很少會來找我，所以常常一整天都說不上一句話。

這種時候，我會跟他說：「最近有沒有遇到什麼煩惱？如果有困難，一定要和老師說。」結果，無論是透過日記、傳紙條，還是在四下無人時，都有學生跑來跟我說。

假使孩子比較沉默寡言，不妨送日記本讓他寫日記，並藉由負面情緒開始對話。最後，也可以再分享一些正向經歷。

沉默寡言的孩子常常會說「就那樣」或「沒事」，因此很難交談，但每個人都有一、兩個負面的情況，所以很容易打開話匣子。

如何栽培敏感的孩子？

此外，也可以讓敏感的孩子寫日記，表達負面情緒，或者把負面情緒當作聊天題材。

很多人會說敏感的孩子很難相處，這其實是比較心態。所謂敏感的孩子，既能感受到負面情緒，也能感受到正面情緒。只是在面對負面情緒時，他們的敏感會讓父母感到壓力，因此才會被認為不隨和、很難養。這些孩子在上課時也比較敏感，他們在快樂時會有顯著的反應，也能和朋友們愉快相處。然而，面對負面情緒也是如此，因此導致情緒起伏較大。當敏感的孩子有負面情緒時，不妨試著詢問原因，並且從不同的角度，幫助他平緩情緒。如此一來，孩子會知道，他對哪個部分特別敏感和負面，並學會控制情緒。

面對沉默寡言的孩子，要讓他表達喜怒哀樂等多種情緒；面對敏感的孩子，要讓他自己找出處理負面情緒的方法。

也就是說，我們應該要給孩子多一點時間。

雖然孩子的尖叫比哭鬧令我更難受，但孩子們會哭叫，往往是因為情緒沒有被大人同理，所以我會說：「難過時會流淚、哭是很正常的，但是我們不能大吼大叫。」

當孩子們是用哭來表達負面感情時，不要用「不要再哭了」、「停」等話語來打斷這種情緒，而是讓孩子們面對自己的情緒。即便他們還無法掌握情緒，但只要說「哭出來也沒關係」就行了。

等孩子再大一點，就可以教他更多詞彙，不過，直接教效果不大。爸媽尤其要避免說：「煩死了。」孩子們明明在學校學到很多詞彙，一有負面情緒，卻只會說「煩死了」、「氣死我了」。

越是敏感的孩子，越會表現出許多情緒，不能一味的排除負面感受、只允許孩子做出正面表達，而是要讓他用正確的詞彙來表達負面的情緒。當事情不順利時，不妨這樣說說看吧！

不說「煩死了」

當孩子受到傷害時，你可以這樣教：

「今天我很委屈。」

「今天發生了一件讓我很不舒服的事。」

事實上，就算只用「開心」來表達正面情緒也很好，但是負面情緒都只用「煩躁」來形容，就會有問題。

試著讓敏感的孩子，用更多詞彙表達負面情緒，並透過寫日記思考如何處理吧！在可以對話的情況下，也能用情緒卡或顏色卡，教他表達各種情緒的方法。

比方說，請孩子坐下來，帶領他認識各種表達情緒的詞彙；或者把情緒卡拿到孩子面前，說：「請挑一個顏色，來代表你的心情。」讓孩子從中找出可以表達自己情緒的顏色。

不過，當孩子在非常生氣或情緒激動時，這些做法就不太適用。孩子一股腦的發洩負面情緒時，難道還有心思挑選卡片嗎？沒有頂嘴就該慶幸了。

最理想的狀況是，父母平時就用豐富的詞彙適當表達各種負面情緒。

旁觀育兒祕訣

讓孩子打開心門

這些都是能讓孩子打開心門的主題。如果孩子喜歡聊天，也可以用下列主題對話。

1. 今天哪件事最令你難過？
2. 你難過的時候，心情是什麼顏色？
3. 為什麼會產生這種心情？
4. 該怎麼化解難過的心情？
5. 難過的時候，什麼事能讓你開心？

6. 如果想讓難過的心情消失，你現在能做什麼？
7. 爸媽難過的時候會做什麼？
8. 換作是你，你會怎麼幫助爸媽？

16 媽媽也會有情緒不好的一天

比起因父母犯錯所帶來的問題，大人的過度擔心或涉入反而更容易對孩子造成負面影響。

其實，任何人都可能犯錯，除非錯誤嚴重影響到別人，否則都應該輕鬆放下、坦率的道歉，只要不會再犯就好。

父母尤其應以身作則，以虛心學習的態度來面對錯誤。所以，當父母自己犯錯時，建議先不要過度憂慮，或是做最壞的打算。

比方說，當父母對孩子說錯話後，晚上經常會感到自責。這個時候，應該要反省錯誤、做出改變，如果只是一味的自責，只會重蹈覆轍。

即使在孩子睡著後，抱著歉意摸著孩子的頭，第二天還是會犯同樣的錯誤。

到了晚上，就盡量不要再想，要告訴自己：「是啊，今天我太累了，沒能跟孩子好好說話。明天早上我要道歉，然後調整狀態，跟孩子好好說話。」

不要一直反覆思索，還自責說：「當時如果做出另一個選擇，結果會有所不同嗎？我當時為什麼會那樣做？」

在我們體內分泌的荷爾蒙中，血清素跟情緒調節、食欲、睡眠有關，而血清素又跟日照量有關。當夜晚日照量減少，血清素分泌不多，就容易使人變得多愁善感。倘若在這時思考問題，往往會往最糟糕的方面想，應該要告訴自己：明天早上再想。

我偶爾會在晚上十點以後收到家長訊息，大部分的內容都是整夜苦思發生在孩子身上的事。事實上，那些並不是什麼大錯，只是在晚上思考，就很容易鑽牛角尖。

「事情已經發生了，還能怎麼辦？就接受它吧！」

「覆水難收。只要承認後擦乾淨，不要讓水再流出來就行了。」

覆水難收，是指已發生的事很難再改變。但即使已經流很多水出來，只要趕快擦拭，還是能避免水流到家具底下。如果光是急得直跺腳、什麼事也不做，只是一味的自責，終究無法解決問題。

不過，如果我們想教孩子承認錯誤、坦然放下並盡快解決問題，就得從自己開始做起。

只要接受自己不是善良的人，就沒有必要成為大家所認為的好人，雖然這並不容易；我現在心情不好，只要好好接納這樣的自己就好；只要承認自己不是好父母、完美的父母，心裡就會舒坦許多。反之，如果不承認，就會引發更多心理壓力和問題。要有快樂的日子，但也要有困難的日子，還要有能熬過的日子。

如果某天感到辛苦，只要承認「今天就是這樣的一天」就可以了。

「任誰都會有那樣的一天。」

無法正視負面情緒的孩子們，不僅不能接受自己有不好的感受，也不能接受朋友的負面情緒，甚至因此而造成心理壓力。有的孩子會將朋友的疲憊，解讀成朋友對自己漠不關心和輕視，也有的孩子因為無法控制怒氣，而摔椅子或大聲咆哮。

最大的問題是，他們認為別人的負面情緒都是自己的錯。這些孩子一開始會先自責，對方是因為自己而產生負面情緒，不過這種擔心要是轉變為對朋友的指責，就會引發爭吵。

因此，我們必須告訴孩子，這並不是你的錯，以及對方很可能是那天遇到不開心的事，而任誰都會有那樣的一天。

孩子們可能會在某天因為無法控制自己的情緒而怒不可遏、某天跟媽媽吵架並頂撞媽媽、某天和朋友吵架、某天考試考得不好、某天心情鬱悶、某天沒來由的感到辛苦，隨時都有可能發生。

無論是嬰兒、剛上學的孩子，還是進入青春期的孩子，都會有那樣的一天。所以，告訴孩子們：任誰都會有那樣的一天吧！

還有，我想對辛苦一整天的媽媽們、因為突然生氣發怒而後悔的媽媽們說：

「假如今天沒做好，只要明天做好就行了，人生不可能每天都是好日子。」

在睡前，不妨對度過艱辛一天的孩子說，也對犯錯後自責到無法入睡的自己說吧！

「是啊，我們都會有那樣的一天！」

旁觀育兒祕訣

✕ 對孩子說錯話後，晚上經常會感到自責。

○ 「是啊，今天我太累了，沒能跟孩子好好說話。明天早上我要道歉，然後調整狀態，跟孩子好好說話。」

17 奇怪才是正常的

老大在法國開學滿一週後，隔天要去郊遊。在孩子的郊遊日，我必須早起先做好午餐，就在我猶豫要準備飯捲，還是飯糰時，孩子說三明治不錯。

老大不喜歡引人注目，被別人稱讚漂亮時也會害羞，她似乎是擔心便當會讓她難為情——怕媽媽準備的韓式便當會引起關注。再加上，因為她不喜歡起司，於是我便做了雞蛋沙拉三明治。

到達學校後，我才知道，原來媽媽也可以一起參加郊遊。我還沒來得及告訴老師，就在附近麵包店買了一個三明治，立刻成了要跟著孩子去郊遊的瘋狂媽媽，我甚至放任還在適應的老二留在教室，不斷哭喊著「媽媽！」

由於媽媽可以一起參加，所以我以為很多媽媽都會去，但因為這次郊遊是從上午八點半走到下午三點半，實際上只有兩個媽媽。

孩子們沒有一句怨言，走了三個小時，到了郊遊地點，大家就直接席地而坐、開始吃午餐。幾個亞裔孩子帶飯糰，有的孩子帶三明治，有的孩子則從背包裡拿出一根長棍麵包，我則因為吃驚而睜大眼睛。

換作是韓國小孩，郊遊便當會非常豐盛、精美，但法國人卻完全相反。看著大家的午餐只是簡單的果腹，忙了一整個早上的我，終於露出了笑容。

郊遊是由班導自己決定，所以有的班級會郊遊，有的則不會。老大的班導喜歡戶外活動，一個學期會舉辦三、四次，也一定會帶他們去校外教學。有了第一次郊遊的經驗，之後我就都只準備簡單的便當。

以前如果要去水上樂園、游泳池、溫泉、海邊，我總是會準備許多東西，玩具、盥洗用品、換洗衣服等，但是在法國玩水，卻幾乎不需要準備。我們家的孩子們現在就算什麼都不帶，穿著短褲也能在海邊玩得很開心，等衣服都乾了之後，再一一穿上回家。

我在韓國根本無法想像，在法國帶孩子出門竟是如此簡單。

除此之外，韓國女孩子也會精心綁頭髮，但在法國，沒有綁頭髮的孩子更多。有可能是因為髮圈不便宜，也有可能是髮質不同，但大部分人的頭髮都隨便梳，所以我也不太在意了。

也因為這裡的人對穿著不太在意，所以就算孩子們的穿搭很奇怪，我也不會干涉，即便他們在洋裝裡面穿著長褲，在大太陽的日子裡穿長靴。

孩子們還會在院子裡翻滾，把大衣鋪在草地上，然後坐在上面。其實在韓國，孩子們做出這些行為也無妨，但我有時還是會在意外人的眼光。

比方說，我放任老大在地板上爬、衣服髒了也沒關係，結果身邊的媽媽們就說，雖然她是老大，但我就像在養第二個孩子一樣。

然而，在法國，卻完全不用在意這種目光。

「那又怎麼樣？有什麼問題嗎？」

一大早去郊遊時，我看到孩子一個人待在遠處。各國的孩子都聚在一起，但班上沒有韓國同學，而且老大本來就不太會社交，因此她獨自一人。

我很好奇孩子怎麼想，也很擔心。儘管如此，我還是認為她必須自己去克服，我頂多只能思考回家後怎麼溝通，不，應該要聽孩子說話，其他的事我決定忘掉。

以前我曾因孩子無法融入學校，接到幼兒園老師打來的電話。老大當時是三歲。如果我直接說出來，大家都會大吃一驚並面露擔心。不過，我和老公總是對孩子說：

「那又怎麼樣？為什麼沒有朋友很奇怪？要一個人玩得開心，才能跟別人玩得開心。」

「那又怎麼樣？哪有什麼奇怪的？覺得奇怪的人才奇怪。人們本來都很奇怪，所以奇怪才是正常的。」

我們讓孩子獨自玩耍。我想，如果她感到孤獨，就會自己去找朋友。之後某天，老大帶著兩位法國女孩和兩位鄰居美國女孩來家裡玩。聽說是老大在玩的時候，朋友邀她一起玩，然後就帶大家來家裡玩。

雖然花了很長的時間，但孩子終究找到了辦法。

無論是沒有朋友就感到孤獨的老二，還是沒有朋友也不太在意的老大，現在情況都變好了。所以，我相信即使現在做得不好，孩子們總有一天也能做得很好。

旁觀育兒祕訣

✕ 沒有朋友，代表社交能力差。

○「那又怎麼樣？為什麼沒有朋友很奇怪？要一個人玩得開心，才能跟別人玩得開心。」

18 努力不去看孩子在做什麼

我在上一本著作中提到，低年級的孩子們最想聽到父母說：做得好、錯了也沒關係、我愛你。那麼，高年級的孩子們想聽到什麼？

如果你以為是：「我為我的女兒感到驕傲」、「我兒子最棒」，這種充滿愛意又好聽的話，也許會有點失望。高年級的孩子們最想聽到的話是：

「不想去補習班就別去了。」

「可以打一整天的電動。」

「整天都去玩吧！」

「晚點睡也沒關係。」

我們班上有個男孩曾經是體育班的，某天他跟我借手機打電話，因為他從早上就開始訓練，下午還有體育課，已經累到不想去補習班，可是必須得到媽媽的允許。

我以為他媽媽不會同意，然而在電話的另一頭，孩子媽媽的聲音卻十分平靜。掛掉電話之後，學生說：「媽媽允許我請假一天，但要在家裡念完補習班的進度。」

我不禁開始思考，假使孩子問：「今天可以跟補習班請假嗎？」我能否毫不生氣的回答：「好吧！如果你想請就請！但是你能告訴我，今天發生了什麼事嗎？」

雖然理智上可以明白，但實際聽到孩子這樣說時，我仍會希望聽到一個合理的理由。要是孩子說不想補習，我就允許他請假，下次會不會又這樣？萬一他養成翹課習慣怎麼辦？然而這只不過是大人的錯覺。

我知道很多人都希望能兼具工作和生活的平衡，但這並不代表工作有所怠惰。令我印象深刻的是，法國人比任何人都更努力工作，而且不分週末平日、晝夜，但是一到休假或身體一有不舒服，就會好好的休息並充電。孩子的生活要維持平衡，媽媽的生活也一樣，彼此才不會陷入疲乏。

如果說對孩子而言，工作就是課業、學習獨立，以及透過犯錯和教育來成長，那他們的生活不就是玩耍和撒嬌嗎？

因此，我希望孩子們能保持工作和玩樂的平衡。

有些父母會送孩子去補習班，是因為擔心他們下課時間一直在玩手機。但其實，休息時間，即使沒有電子產品，孩子也能想到許多有創意的遊戲。不管用什麼方法，孩子都能玩得很開心。

有些重視學習的父母也希望孩子有時間玩樂，但又擔心一直玩下去不好。解決方法很簡單。孩子們努力多久就讓他們玩多久。他們上學努力念書，回家後寫作業、複習、接受課外輔導，還跟不上就利用放假時間補進度，剩餘的時間就讓他們好好的玩吧！

孩子們的遊戲其實很簡單，即便待在家裡，他們也會自己找樂子的。如果孩子喊累，就讓他休息一天，假如有非完成不可的事，大人也可以從旁協助。

孩子們並不是只想要擺爛、休息，他們也想努力念書。

「老師！我們真的會努力念書，今天就上兩個小時的體育課吧！」

「好啊！那麼，只要每個人都認真上課，第五堂課和第六堂課就是體育課。不過，前提是要在中午前答對才能去。你們能答對嗎？」

「可以！」

孩子們目光炯炯有神。連下課時間也在研究考題，一邊鼓勵還不會的同學，一邊等待體育課。

某年教師節，有位以前的學生來找我，她現在已經是國中生了，聽說這次期中考考得很好。

「我差點就考砸了，因為媽媽在考試前一天說要帶我出去玩。爸爸應該要阻止的，卻叫我一起去，不過最後我沒去。」

「媽媽提議的嗎？」

「對啊！她說考試應該要提前準備，現在再多看一個字有什麼用，然後叫我一起去玩。媽媽太誇張了。」

聽到學生的故事，我非常佩服這位媽媽，並且下定決心——即使當不成理想的媽媽，也要讓孩子的生活保持平衡。

「今天不要去補習班了，和媽媽一起出去玩，好不好？」

「今天提早放學耶！要不要和爸爸一起去遊樂園？」

爸媽不妨偶爾主動說一些孩子們想聽的話吧！

孩子們雖然嘴巴上說不想去，但還是會去補習班、會寫作業，即使被罵到哭，也會做完該做的事。他們的課業繁重到連大人也不一定可以完成，因此在孩子們倦怠之前，先對孩子們這樣說吧！

「我們今天先休息吧！明天再繼續努力！」

孩子在家裡的時候，我會選擇旁觀。孩子寫題目時，我會在旁邊做別的事情。無論做什麼事，我都會等待孩子自己完成；如果等不及，就乾脆不要看。

自從辭掉工作以後，因為跟孩子們相處的時間變多，嘮叨的次數也增加了。於是，我開始找一些事來做，開始學一些東西。

我努力不去看孩子在做什麼。就像在等待遲到的朋友，如果找點別的事來做，就不會覺得時間很漫長。

所以，在等待的時候，我會轉移自己的注意力。

如果一直看著，就會覺得孩子做不到，但其實不特別去關注，孩子反而能夠獨立完成。然而，很多父母會限定時間，要是孩子跟不上，還會直接生氣。

比方說，孩子本來想在十一點左右念書，但父母卻焦急的希望從九點開始。然後，不問孩子的意願，也沒有得到孩子的同意就擅自決定時間，然後獨自等著，一邊跺腳，一邊生氣的問孩子為什麼還不做。

其實，時間到了，孩子就會開始了。

雖然**每個孩子的步伐各有不同，但只要等待，他們終究會開始的**。儘管在成長過程中，不管是說話、學語文、讀書、鼓起勇氣開始想做些什麼，每個孩子的步伐都各不相同，但只要給予時間和耐心等待，他們最終會成熟長大。

多虧如此，我也有了自己的空閒時間。我可以在孩子睡覺前先準備好宵夜，如果一直等孩子入睡，孩子就更不睡了。倘若不想生氣，就等孩子睡著再準備也不遲，反正我終究會在炸雞店喝冰鎮啤酒，配熱騰騰的炸雞。

旁觀育兒祕訣

如果一直看著孩子，就會覺得孩子做不到，但其實不去特別關注，孩子反而能獨立完成。

旁觀育兒技巧

讓寫作變有趣的工具

在副食品的階段，孩子可以先用手進食，接著再使用湯匙和筷子。如果孩子對食物失去興趣，不妨鼓勵他們用湯勺舀食物，用飯勺盛飯，同時讓孩子探索各種烹飪工具。

當孩子們對新工具產生興趣時，吃飯就會更主動。

除此之外，我也會將不具危險性的廚房工具擺出來，讓他們直接拿去玩；或是也可以利用海帶、麵條、蔬菜、調味料、米和五穀等。

雖然孩子們喜歡廚房玩具，不過他們更喜歡真實的食材和工具。剩下的食材，就是最適合孩子的廚房玩具。

當孩子們想畫畫時，無論是便條紙還是電池，我都會讓他們在各種大小的平面上盡情創作，並準備各式畫畫工具：顏料、色鉛筆、沙子、鹽巴、衛生紙、藥瓶、毛筆等。

要一直握筆寫字，其實很困難。因為寫字所需的小肌肉尚未發達，所以很多學生是因為手痛而寫不好。

若希望孩子對寫字產生興趣，不妨運用各種工具。無論是什麼東西，只要讓他們經常握著，手部肌肉就會發達，這麼一來，就不會因為手痛而無法寫字。如果是小學三年級，可以用便條紙、螢光筆、紅色和藍色原子筆，在教科書上做筆記。

小學三年級大都能夠看懂文字，並寫出筆畫較少的字。因為上課時都只有用鉛筆和橡皮擦，所以光是在教科書上貼便條紙，就會立刻提升孩子們對做筆記的興趣。光是拿出迷你白板或大海報，他們也會變得專注許多。

孩子們就讀法國學校時，開始讓我很驚慌。因為要準備鋼筆、鋼筆橡皮擦、可擦拭的原子筆和螢光筆、大人們使用的日記本。不過，當我拋棄了學生只能用鉛筆、橡皮擦和空白筆記本的偏見後，能使用的工具就變多了，也點燃了孩

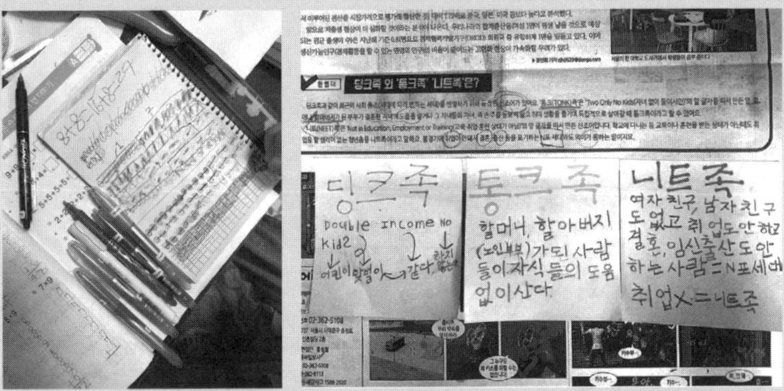

讀書時運用各種原子筆、螢光筆做筆記（左），小學三年級的學生可以自己將重點寫在便條紙上（右）。

子們對學習的興趣。

小學老師每年都會收到一次文具清單，我會確認清單上的新教具或學習用品來準備下學期的物品，所以算是很常逛文具店。

每次逛文具店看到充滿創意的文具時，我就會思考如何運用於教學，這樣的時光非常愉快。

例如：拋開鉛筆、橡皮擦、空白筆記本或通知單，適度善用手帳、計畫表、索引螢光標籤、便條紙、螢光筆、白板或可反覆黏貼的大海報，增加學習的樂趣！

有些孩子不用大人幫忙，就能好好念書或是喜歡閱讀，這種孩子光是拿到鉛筆，也會自己讀書，但在一個班上，除了那四、五個孩子之外，幾乎沒有孩子會對教科書感興趣。

為了讓孩子們對學習產生興趣，我會使用各種授課技巧和教具，而陌生的工具往往能提升他們的專注力。同時，孩子們也會逐漸摸索出適合自己做筆記和整理資料的方法，並學會如何找出重點和關鍵字。

在不分散注意力的前提下，我建議善用多種工具來幫助學習。明天就帶孩子一起去逛文具店吧！

第三章

教養，從劃清界限開始

如果只想靠言語解決問題，往往無法取得成效，因為在類似的情況下，孩子通常不會主動去改正行為。此時，就需要改變環境。

我以前住在公寓時，會按照每天做家事的動線來規畫設計空間。舉例來說，洗完澡把髒衣服和毛巾拿去洗，洗乾淨後晒在陽臺；衣服晾乾之後，再拿到客廳摺好，最後收到各個房間裡。

但一家四口，一年四季的衣服何其多，身為職場婦女，這是一大難題，因此我將玄關設計成與洗衣間、浴室和更衣室相鄰。

如此一來，孩子將衣服脫在洗衣間後，就可以直接進浴室，洗完澡到更衣室也能順手換上睡衣。由於玄關旁邊就是更衣室，所以也就不會有大衣被放在客廳沙發上。

換句話說，我並沒有減少嘮叨，只是透過改變空間配置，獲得了片刻安靜。

雖然將洗衣間、浴室和更衣室設計在一起，並不能節省空間，但因為我在更衣室增加了幾個收納櫃，只保留一個人的更衣空間，所以就解決了每次換季整理衣服的困擾。

善用收納配置也是方法之一。

比方說，我在主臥室隔出一個小空間，當成棉被收納櫃；在米桶旁邊設置電鍋櫃，還調整廚房空間，從裡面就能把垃圾往外扔；以及在玄關配置掛衣架。

此外，我還在廚房旁邊設置了一個沙坑。

我在做飯時，就可以看到孩子們在廚房外玩耍。為了不讓老大、老二跑到院子外的車道上，我還在中庭砌了一道牆。

調整家事動線後，我就不再嘮叨了。孩子們從脫鞋進屋的那一刻起，就按照我設計的動線移動。光是換個環境，大家就能自己動起來。這多虧了公寓、獨棟住宅、旅行和咖啡廳，給了我很多點子，才能打造出便利的育兒環境。

1 遊戲要玩到過癮，念書勸勸就行

我已經膩了——有一段時間，我會連續播放自己很喜歡的同一首歌，但大概一個小時就聽膩了；自從買了咖啡機，每天泡香草拿鐵來喝，但喝到第四杯就膩了。來到法國後，旅行就像每週交作業一樣，所以後來也膩了，我厭倦了打包和收拾行李。一開始到法國超市買菜會停留三、四個小時，但一週去兩、三次後，就開始對超市感到厭煩。

孩子喜歡芒果口味的優格，所以一排十二盒的優格我買了兩排，結果孩子吃到膩、說不想再吃；在學校，孩子們說賓果（Bingo）很有趣，於是每次上課前五分鐘都會玩，但過了一個月左右，孩子們就不玩了；還有，每到下課時間，叫我播放首都歌[1]，結果幾次之後，他們也說不想再聽了。

再怎麼有趣的事，一旦重複太多次，可能就會變得厭倦或無趣。

這也是為什麼我們一直叫孩子們念書，會讓他們更反彈，但那些有趣的遊戲或YouTube影片，孩子們卻看得意猶未盡。

剛到法國時，孩子們沒有上學，行李也還沒收到，在Airbnb[2]裡什麼都沒有，我只好給孩子們看法文動畫。一看到沒看過的電視節目，老二立刻變得很專注，雖然她根本聽不懂。一開始是看三十分鐘，後來變成一個小時。因為孩子看到上癮，眼睛連眨都不眨，我便關掉電源，結果孩子又哭又鬧、吵個不停。

「從現在開始，除非我主動關掉電視，否則都不能關掉，妳們就一直看下去。」

孩子們非常興奮，因為終於可以一直看電視。就算她們說不想再看，我也讓

1 朗誦全世界首都的流行歌曲。
2 訂房網站，在這裡指作者暫時居住於閒置的房子。

她們繼續看，或是一邊吃飯，一邊看電視。除了上廁所之外，孩子們共看了五個小時。

結果，孩子從此不再吵著要看電視。

在我的記憶裡，父母從來不會催我念書。我只記得，他們會在我念書時，叫我吃水果、看電視等，因為注意力被打斷，當時我還很生氣。高中時父母還會特地錄下我們喜歡的電視劇，等我們晚自習結束後回家看。

我一直自認是因為我會自動自發念書，功課才不錯，但其實我小學還不會認字，也曾因為背不出九九乘法表，被留在學校惡補。還有，我也搞不懂除法，所以放學後還得上課後班。

然而，媽媽並沒有買參考書或題庫，而是買色紙、黏土。

當時培樂多（Play-Doh）黏土剛上市，媽媽會買培樂多黏土給我，而且是一箱一箱的買，他們還會去批發文具店大手筆的買材料。

對我來說，我的玩樂沒有匱乏，念書是為了自己的人生。

當我搞砸考試時，媽媽會說：「那是妳努力的結果。」當我考試考得很好時，媽媽也說：「那是妳努力的結果。」**雖然做得再好，媽媽都不會大力稱讚，但無論做得再差，媽媽也不會有任何指責。我的人生只屬於我。**

打造自主學習的環境

我的老公在國際機構工作。大家都以為他家境很好，很早就開始學英文，但事實並非如此。他從沒留學過，也沒有在國外住過，二十七歲去濟州島[3]，是他人生中第一次搭飛機。

現在，他在法國某國際機構，主要負責與英文相關的業務。他的英文，大都是在學校學的，之後上大學、工作，也一直都有在學英文。

雖然他的英文並不算好，發音更是一塌糊塗，但還是比留學過的我厲害，並

3 韓國濟州特別自治道的本島，位於朝鮮半島西南，在朝鮮半島南部西南海域、東海和黃海之間，有著獨特的火山地質面貌。

且能在工作上活用英文。令人意外的是，他國中時很沉迷於打電玩，經常一玩就超過十四個小時，算是被婆婆打大的。不過，可能因為小時候已經玩膩了，所以現在他幾乎不玩。而老公的爸爸，則是為了擔起一家之主的責任，每天都腳踏實地的上班，退休後也繼續找事做。

村上春樹[4]曾在《身為職業小說家》提到，他之所以能持續創作超過三十年，是因為他堅持每天寫二十張兩百字的稿紙。即使不想寫，也要寫滿二十張；即使想多寫一點，也只能寫二十張。寫到不至於膩的程度、留下明天可以寫的東西，這就是訣竅。

若希望孩子們不要做，就讓他們去做那件事，做到厭倦為止；若希望孩子們去做，就要讓他們意猶未盡。

我在寫作或念書時，孩子們也會在旁邊寫題目，偶爾孩子們會說很有趣，想再多寫一點，這時我就會說不能超過每天的作業量，並不准她們再寫。

反之，如果遇到難題或不想寫的題目時，我會減少分量，但絕對不會幫孩子寫，而是說只要完成一題就好。**一旦嘗到解題的樂趣，孩子就會想解其他題，不**

過不能讓他們如願。

玩耍時，為了避免兩個女兒要回家就爆哭，我不會設定時間限制。去海邊，就讓她們玩到喊累、說不要玩為止，去游泳就一整天都待在游泳池。

也就是說，玩到膩為止。

除此之外，我也會定期到大型批發文具店購買眼珠、多功能棒、色紙（分圓形、長形、動物、亮面色紙等）、圓形口紅膠、三角口紅膠、絨線鐵絲、保麗龍球等材料，並且放在遊戲室。

如果還有各種膠帶，如強力膠、雙面膠、隱形膠帶等，孩子一旦進入遊戲室，通常就會玩到不肯出來。我還買了壓克力顏料、水彩顏料、蓋印顏料、大毛筆、扁頭水彩筆等各式各樣的工具，以及不同種類的貼紙。

遊戲要讓孩子玩過癮，念書就稍微勸勸就好，這就是讓孩子們自己行動的祕訣。

4　日本知名小說家。

如果孩子一整天都在遊戲室玩，再到院子裡玩耍，接著還被爸爸拉去公園，當孩子體力耗盡時，就會累到只想安靜的坐著；不喜歡聽到快點睡的孩子，如果想到房間看書，我就會關燈，並說：「看什麼書！快睡！」

這個時候，孩子們往往會拜託我設定定時器，讓他們看五分鐘就好。

只吃到一口的泡麵最好吃，總是如此。讀書也可以這樣說：「不要再看了，只能看二十分鐘。別看了，快點出去玩！」

旁觀育兒祕訣

決定自己該做的事

當孩子們決定要做一件事時，請使用以下工具。

1. 時間印章相機

用這款應用程序拍照，可以在照片上留下日期和時間。

很多人用來記錄減肥餐和讀書日記，我則是會讓孩子拍下他們自己完成的事。比如寫日記或運動等。但要注意的是，一定要當天記錄，才能輸入日期。收集這些照片別有一番樂趣，如果由孩子們自己拍，媽媽只要確認就好。

2. DAILY STAMP（我的例行事務）

這款應用程序可以記錄代辦清單，並勾選已完成的事項。首先，我會讓孩子選定顏色來記錄該做的事項。完成例行事項並勾選後，顏色就會變成灰色，如此也別有一番樂趣；也可以一併記錄媽媽要做的事，讓家人互相鼓勵和監督。

旁觀育兒祕訣

遊戲要讓孩子玩過癮，念書就稍微勸勸就好。

2 難搞的孩子，就帶到咖啡廳教訓

讀孩子們的日記會發現，低年級的學生經常提到跟家人一起出去玩，以及他們有多愛爸媽，但是到了高年級，內容就變成跟朋友們一起去玩、對爸媽感到失望，也許是因為高年級的孩子們開始想從同儕身上獲得認同。所以，進入青春期的高年級孩子們經常說：

「媽媽什麼都不懂，只會一直叫我做些什麼。」
「我會自己看著辦，父母卻一直碎唸。」
「我明明已經知道了，但他們還是一直講。」

很多父母自以為很了解孩子，什麼事都要唸，但是孩子們卻認為自己可以解決。也就是說，在爸媽眼裡，孩子什麼都不懂，所以常常越講越大聲，情緒也越來越激動，導致演變成爭吵。

「雖然我很害怕媽媽，但是媽媽很願意聽我說話、也很理解我。」在學生們對爸媽怨聲載道的某一天，有位男孩在課堂上如此說道。我受到了不小的衝擊，甚至不敢相信這句話出自一位正值青春期的男孩口中。

在家長諮商時，我特別向這位媽媽請教，結果她說，只要往戶外走就好。某天，她跟平常一樣，正準備斥訓孩子一頓，但在孩子開口頂撞時，她突然意識到孩子已經進入青春期，於是改變了作戰計畫。

她嘆了一口氣，抬起手來，然後一把抓起孩子的手。如果在孩子要關上門進房時，打孩子的後腦勺並大吼大叫，就不是在教育，而是在洩憤。她覺得這樣下去不行，便跟孩子一起到外面。

當她想跟孩子嘮叨時，就會到咖啡廳或坐在公園長椅上聊天。這時由於周圍還有其他人，所以她會盡量避免在言語中摻雜情緒。

僅僅只是換個地方，媽媽的語氣就變了，於是孩子也開始吐露自己的心聲。

後來她還發現，在家裡也可以這樣對話，因此，她和兒子越來越了解彼此。

她還說，要是只是去外面談一談，孩子可能不會跟大人去。**重點是，一起去買需要的東西，或是幫他買衣服，等他敞開心胸後，詢問有什麼煩惱，或是關心孩子是否需要幫助**。

「等回家再說。」孩子也很愛面子，所以即使需要責備，我也會先睜一隻眼、閉一隻眼。結果，有時回家後就已經消氣，也不再計較，或者可以淡定的說出希望對方改進的地方。

當你在氣頭上對孩子說不出好話時，就不要回家，而是要在外面講。偶爾我責備孩子時，若聽到鄰居家的聲音，就會恢復理性。當我覺得自己無法控制怒火時，就會打開窗戶。雖然我打開窗戶是為了小心說話，但往往只有後悔和羞愧。

所以，我決心要改變環境，在不同的地點面對孩子，在可以檢視言語的環境中與孩子對話。我認為，傾聽孩子說話時，不要一直說話也非常重要。

「小時候媽媽一點都不懂我，即使我說了也不怎麼聽，到現在才說不懂我在想什麼，買手機給我好像也只是為了監視我。」

等到青春期才開始關心孩子，就很難溝通。即使從小就經常聊天、很了解孩子的想法，但到了青春期，孩子還是會躲進房間。所以，如果從小就不怎麼陪孩子玩，到了青春期才想敲開他的心門，孩子們也會很辛苦。

而且，由於青春期的孩子，大多只想跟朋友聊天談心，很多父母會偷看孩子的手機，但這只會讓孩子們覺得自己像被父母監視一樣。

我從學生的話得到了結論：不要否定孩子說的話，而是要全盤接受並認同。

老大喜歡和不太回應的老公對話，老二喜歡和充滿正面反應的我對話。我原本以為老公不太會跟孩子溝通、不懂得說好聽話，但或許對於老大來說，我才是不太會對話的人。

而我也從老公身上學到，**耐心傾聽就是很棒的對話。比起思考如何好好回應孩子，更應該考慮如何好好傾聽，在沒有把握的時候，則可以藉由改變地點，和子女對話**。

旁觀育兒祕訣

當你在氣頭上對孩子說不出好話時，就不要回家，而是要在外面講。

3 週日晚上，全家一起大掃除

根據韓國國立國語院《標準國語大辭典》，週一症候群，意指「每到一週的第一天，人們在精神和生理上，會感受到疲勞或無力等情緒」。

在育嬰假期間，我也經常感受到週一症候群。休假時，在送孩子們上學、老公上班後，我總是下定決心要好好開始做家事。但我只是在心裡想：整理週末弄得亂七八糟的房子、洗棉被、將週末買的水果做成果醬，然後優雅的喝杯咖啡。

不過，我卻經常睡過頭，滿懷愧疚的送來不及吃早餐的老公上班，然後匆忙叫醒同樣睡過頭的孩子們，送她們到學校門口。回到家後，我原打算休息一下再開始做家事，結果一覺醒來，就到了要接老大的時間。因此，趁孩子回家之前，我只好快速整理一下家裡。打起精神後，陪老大一下，就又到了要接老二的時間。原本想提前準備晚餐，卻總是不如預期。

對我來說，週一症候群是夾在無力和勤奮之間，只有心靈勤奮、身體卻無力的疾病。無力的過完週一後，接下來是週二、週三，然後一邊等待週末，一邊追在孩子後面跑，一週就這樣沒了。

每到週一，我總是倍感絕望。平日既沒時間、也沒有體力做家事，所以週末早上便是一場大掃除戰爭。

我除了要洗衣服、整理孩子們的遊戲室、打掃客廳和廚房，將所有物品歸位後，還得吸地和拖地、打掃浴室。有時越做越忿忿不平，因此打掃完我只想出門。

雖然我也很想休息，但我希望房子可以保持乾淨到週一早上，所以非外出不可。家人準備好並上車後，我會隨便抓件大衣、把包包背在肩上、把口紅塞進口袋裡，晾完衣服後就匆忙出門。

只有當無盡的家事消失在眼前，我才能真正休息。

但是，週末收拾好的房子，總是在兩個小時後又亂成一團。每到週一就像打仗一樣，無一例外。

為了能愉快渡過星期一，我開始在星期天晚上大掃除，而且是大家一起動手。就像住飯店一樣，家人在週末一起在家吃飯、睡覺、玩耍，將家裡當作舒服的休憩場所，到了週日晚上就一起退房打掃。吃完晚飯、休息片刻後，大家開始按各自的分工打掃，並為星期一做準備。我會跟孩子們整理客廳和遊戲間，老大用吸塵器吸地，老二用溼抹布擦地，我將瓦斯爐和廚房消毒後，連同抹布一起煮過並晾乾。這樣到了晚上，大家就可以一邊看電視，一邊晾衣服，睡前再收衣服，拿回各自的房間。

家是休息的地方

在育嬰假期間，打掃好像是我該做的事，所以我對於全家人一起打掃總感到有些抱歉。心裡雖然抱歉，但由於體力不支，所以打掃時仍會感到憤怒。

在我還在上班的時候，會因為家事只有我在做而忿忿不平，於是我決定藉由請求和接受幫助，來克服心中的罪惡感。

週日晚上，全家人一起打掃，我心中就產生了餘裕，在接下來的一週，心甘情願的替去上學和工作的家人整理房子。

原本一個人要打掃三、四個小時，但如果大家一起，一個小時就綽綽有餘。而且，孩子們也會知道要保持乾淨。

週一早上，在乾淨整潔的房子裡，我也就有了更多的活力。

對於所有媽媽來說，家應該是休息的地方。

週日晚上大家一起打掃，營造出接下來一週可以好好生活、回家後可以休息的舒適的家。

對於媽媽來說，家應該是她們的避風港，而不是忙著打掃、煮飯、辛苦的嘆氣的地方；家應該是能擁有自己的時間、做自己喜歡的事，並樂意為家人做家事的空間。

對於職業婦女來說，週一是愉快且高度專注的日子；對於全職媽媽來說，週一則是能暫時擺脫無盡的家事，重新注入活力的時刻。

如何迎接一週的開始，會改變未來的一週、一個月和一年。無力的週一會讓人憂鬱一週，愉快的週一則會讓人迎來一週全心全意為自己和家人付出的美好時光。

「尊貴的家人賓客，週日晚上該進行退房打掃了。」

旁觀育兒祕訣

家，是媽媽休息的地方。

4 要求孩子力所能及的事

「欸，都被你毀了！你別做了！」

「老師，可以男生自己一組嗎？他的行為很奇怪耶！」

如果要學生分組報告，就會聽到各種抱怨。有些是孩子太優秀，如果看到分組的成果不如自己做的，就會感到失望，或是報告都只有某幾位同學在做。

因此，每當我要同學分組時，我都會說：「分組最重要的是團隊合作，每個人都要參與。字寫得好不好看不重要，畫得好不好也不重要。最棒的是，尊重其他同學的意見、互相討論，然後大家一起完成一件事。」

孩子們聽了之後，都很積極的投入活動。即使有些人字寫不好、不太會畫畫，也因此有了自信，並且希望自己能做得更好。不過，我還是告訴他們分組合作的精神，以及結果並不是最重要的。

某次，學校發給各組一個有白粉蝶毛毛蟲的花盆，有些組別是觀察白粉蝶的一生，有些組別是觀察毛毛蟲如何變成蝴蝶。結果，「看哪一組養得好」，這句話卻成為了禍源，好勝心旺盛的孩子們爭先恐後的觀察，某個孩子還不小心摔破了花盆。

「欸！都被你毀了！」

「我不是故意的！」

「只能看，不能摸。你害了我們這一組！」

孩子們吵起來了，當然也少不了跟我打小報告。

於是，我對孩子們說：「毛毛蟲是很珍貴的生命。雖然大家都希望毛毛蟲變成蝴蝶，但我們更應該尊重每一個人的想法。毛毛蟲沒有變成蝴蝶固然可惜，可是你們沒有得到快樂和成就感，這更讓我感到可惜。在小組活動中，大家能感到開心和幸福比結果更重要。」

孩子們似乎逐漸明白了「一起」的意義。有一種扁平的木頭積木，稱為卡帕（Kapla）。這款積木在堆疊的過程中很容易倒塌，孩子們在玩時，要是有人不小心弄倒，就會傳來咯咯咯的笑聲。他們好像逐漸明白了「一起」的意思。

在家裡也是一樣。我希望家人在一起時，能更專注於享受過程中的樂趣，而不是只看結果。

我和孩子們一起下廚時，即使女兒們櫛瓜切得不好，還是可以直接拿來煮。在大醬湯裡放入孩子拳頭大小般的櫛瓜，大家一起開心吃；或是一起做餃子，結果蒸熟後破皮；即使在煎蛋捲裡吃到蛋殼，孩子也能開心的參與其中；即使毛巾疊得亂七八糟，只要一起開心收衣服就好。

愉快的過程比成果更重要——改變想法後，奇形怪狀的食物和亂疊的毛巾，也會成為令人滿意的結果。

把任務交給孩子

有一篇同學寫的日記，令我印象很深刻。他在日記中寫道，週末家裡有客人來訪，他會請客人點餐，然後泡咖啡、倒果汁。通常家裡有客人時，許多父母會讓孩子進房間，或者告訴孩子大人講話不要插嘴，然後支開他們，但在這位同學的日記裡，孩子是一起迎接客人的家庭成員。**提供孩子力所能及的事，並從旁協助，這些微小的實踐，就是在尊重孩子**。這一點與我的成長經驗和育兒方式不太相同，因此也讓我受到不少正面的衝擊。

在迎接客人的過程中，即使孩子犯錯，父母也能展現包容的一面，這意味著每個人都能各自扮演好角色。我也學到，即使孩子手腳笨拙，大人依然能藉由小任務來肯定孩子。

我姊的婆家每到年初都會聚在一起過新年。年末時，姊姊一家人也會一起舉行忘年會[5]。年初每個人會分享一個新年願望，到了年末就會頒發獎金給順利達成願望的人。雖然是全家人一起，但對我來說，光是大家一起辦活動就很新

5 又稱送年會（송년회）。不僅限公司，學校、家人、朋友之間，只要是年末聚餐，都是送年尾牙。

鮮，而且美好，於是我們也效法姊姊家辦起忘年會。

忘年會，實際上就是去餐廳吃飯，但藉由這個儀式可以和孩子們回顧一整年開心和遺憾的事，並以此迎接新的一年。無論孩子們多麼年幼，也能成為其中的一員。這種經驗會讓孩子們明白，所有人都會被照顧到、沒有人被排除在外，並且明白「一起」的價值和歸屬感。

孩子和表弟表妹一起玩，姨丈會分配任務，並要大家一起完成。例如，比出大象鼻子轉十圈後滑溜滑梯，然後跳繩跳三下，再牽著表弟、表妹的手進入終點線。如果第一次能在兩分鐘內完成，下次就挑戰一分三十秒。大孩子可以抱著小孩子，所以年紀再小都可以參與。

不過，在過程中，要避免參與的人因好勝心，或是因其他人的失誤而挑戰失敗。大人們只要坐在一旁說話，孩子們就能自己動起來，也會了解一起玩的快樂。

孩子們在任務完成時相視而笑的樣子，真的很棒。希望各位家長去遊樂場時一定要嘗試看看。

「大家都要在一起，任務才算成功！一個人回來就輸了！」

旁觀育兒祕訣

提供孩子力所能及的事，並從旁協助，這些微小的實踐，就是在尊重孩子。

5 旅行的意義

在越南惠安（Hoi An）的飯店走廊盡頭，傳來了韓文對話的聲音。那位媽媽正用著尖銳的語氣，把剛才在餐廳嬉鬧打架的兄弟叫過去，似乎是為了發洩旅行途中累積的憤怒。

「這次旅行是為了讓你們開心才來的！難道是為了媽媽嗎？你們要是繼續鬧，現在給我馬上收拾行李回家！」

「難道不是為了讓媽媽開心才來的嗎？」我心想。孩子們通常都喜歡到公園盪鞦韆或玩溜滑梯，要不然就是去水上樂園。以挨罵兄弟的年紀看來，比起和爸媽旅行，應該更喜歡和朋友一起騎自行車、吃辣炒年糕，或是盡情玩手機。我是為了自己開心而旅行的，當然如果孩子們也喜歡就更好，但我並不指望他們也很開心，因為也只有這樣，我才不會生氣。

如果沒有跟孩子們一起去西班牙（Spain），我大概只會記得巴塞隆納聖家堂（Sagrada Familia）的美麗彩繪玻璃。託孩子們的福，在教堂路上的熟睡鴿子，也成了西班牙旅行的回憶之一。雖然我也希望孩子們能感受到我所經歷的一切，但因為旅行是為了自己，所以就算沒能如願也沒關係（我只要顧好自己）。和孩子們一起旅行時，我注意到大人們看不到的街道地磚。如果我不是媽媽，就不會經過市區的邋鞦韆。就連在公寓頂樓晾衣服的叔叔，也成了旅途中的一抹風景。在這趟旅行中，多虧了孩子們，我才能看到許多角落，甚至是只有帶孩子才看得到的地方。

為自己花錢很奢侈，所以旅行是為了孩子去的，似乎這樣想就能減輕心中的重擔。不過，如果是以這種想法出發，旅行就不會愉快。

這就好比，購買昂貴的教具或全套書籍時，總會希望並期待孩子能充分使用；但其實，花大錢幫孩子報名課程、買好看的衣服，都是在滿足媽媽自己。**只要承認那不是為了讓「你」開心，而是讓「我」開心，就不會對孩子有期待**。光是參與，我就很開心，光是你穿上，我就很開心。

旅行也是一樣。父母已經投入了一大筆錢，所以一直想讓孩子學到什麼、看些什麼，但孩子們卻不一定會想看。要是孩子一直不順著自己的意，父母就會生氣。「你為什麼不看這個？」、「看看這個！」、「那個很有名，看一看嘛！」、「站在這裡！我們來拍照！」

孩子不可能會喜歡跟嘮叨的父母一起旅行。

旅行能教孩子學會的是：面對生活的態度。比方說，大家在旅遊景點很疲憊、孩子吵鬧時，我和老公表現出什麼樣的態度；在隊伍大排長龍時，我們怎麼選擇；在意料之外的狀況下，我們怎麼應對。

我帶孩子們一起旅行，並不是真的要讓孩子們看美麗的風景名勝、全球知名的藝術作品，而是為了**讓孩子們看見父母如何面對旅途上的各種狀況**——這些在家中沒辦法展現出來的態度，以及各種待人處事。

這種旅行不需要住豪華飯店，也不需要昂貴的餐點；不是海外旅行也沒關係，不是準備齊全的旅行也沒關係。

所以，我的旅行總是非常簡單，甚至有些窮酸。只要是孩子喜歡的地方，我們就會玩上一整天，因為我會讓他們玩到累倒。

我一大早還會準備好飯糰、零食、換洗衣服和毛巾。不管要去的地方有沒有水、有沒有泥土、有沒有沙子，我都會讓孩子脫掉鞋子，盡情玩耍。

我會在澳洲雪梨（Sydney）的公園鋪上小墊子，和孩子們一起欣賞隨風飄散的雲朵，吃著塑膠袋裡皺巴巴的飯糰；茫然的坐在墨爾本（Melbourne）附近的小海邊，將沾有沙子的飯捲分著吃。

對我來說，那是美麗的旅遊景點，對孩子們來說，寬闊的廣場就是旅遊景點；對我來說，那是一片美麗的大海，對孩子們來說，沙灘是最棒的旅行景點。

在孩子們睡著時，我也會和老公一起去喝杯咖啡；偶爾孩子們允許的話，我也喜歡逛逛美術館或紀念品店。只要我去看那些知名旅遊景點和藝術作品，孩子們就會跟著我一起欣賞。

旅行並不是非得留下深刻的記憶，就算只留下快樂的印象也值得。因為愉快的旅行會深植在孩子們的心中，並成為他們未來成長路上的寶貴養分。就算沒能如此，只要留在我的心中就行了。

儘管在過程中，孩子們不斷哭鬧、得背著快三十公斤的老大爬上坡路、孩子們因疲憊不堪而吐露不滿，我也不會向孩子們發火，因為這趟旅行是為了我。

「**媽媽是為了讓自己開心才來的，謝謝你陪我一起來**。你覺得很累又無聊吧？不然我幫你買個冰淇淋。吃完之後，再等我一下。我看完馬上就出來，對不起喔！」

旁觀育兒祕訣

只要承認那不是為了讓孩子開心，而是讓自己開心，就不會對孩子有期待。旅行能教孩子學會的是：面對生活的態度。

6 夫妻間的對話，最棒的教養書

我曾遇過一位文靜、充滿熱情，家教又很好的孩子。後來，一起校外旅行才得知，孩子的爸媽說話很沉穩且熱心待人，但很少提高嗓門講話。在我肯定會生氣的情況下，他們依然可以冷靜的對話。

我才領悟到，把孩子教得好的祕訣，就是夫妻間的對話。

有句話說：「種瓜得瓜，種豆得豆。」無論我對孩子說多好聽的話、仿效其他專家的對話，也努力調整心態，如果我和老公沒辦法以身作則就沒有用。

我曾要求氣哭的孩子等一等，並練習說出為什麼生氣，但實際上，我們夫妻自己卻很難做到。我會氣沖沖的跟孩子說話，也會在滿腔憤怒的情況下責罵丈夫。

氣哭的孩子跟我們的樣子，其實沒什麼兩樣。

我們不會跟另一半說：「現在我有點生氣，請稍微諒解一下。」也不會說：「你這樣做，讓我的心情很差。」

但如果想教孩子，爸媽就得以身作則。

夫妻間的對話，永遠是孩子們最棒的教科書。

假設妻子在洗碗，老公自己一個人躺在床上，妻子不應該說：「你是沒看到我在洗碗嗎？都不用幫忙是不是？不要太過分！」應該要說：「你可以幫我蓋上小菜盒的蓋子，然後用抹布擦一下桌子嗎？我一個人做不完。」

我們有必要多練習夫妻間的對話，然後好好對話。

有時可能會很生氣，甚至會想，都已經是大人了，難道還要教對方現在該做什麼嗎？

但其實，我們要做的並不是要求對方該做什麼，而是要學會如何好好表達自己的負面情緒。

如果是以前的我，說不定早就火冒三丈了。

「所以這一切都是我的錯嗎？我做錯了什麼？我真的已經很努力了，你知道我忍多久了嗎？為什麼都怪我？」

當我為了家人而努力改變時，總覺得既委屈又生氣。然而，在我關注自己、尋找自己、照顧自己後，再尋找「媽媽」這個角色時，一切就都好轉了。

當我試圖改變自己、改變在家中和老公的談話、改變環境、改變心態後，一切都開始好轉了。我先顧好自己的幸福和穩定，就產生了想和老公好好相處的念頭，也產生了想好好當媽媽的念頭。僅僅是為了自己，我就有了和老公重新對話的勇氣。

如果老公沒有幫忙照顧孩子……

不管是什麼事，我通常會讓孩子自己去做，可是因為教養觀念和老公不同調，大都因為老公而失敗了。他常常會說：「哎呦，我的小公主。」然後就慣著孩子。我們每次都因為這個原因吵架、起衝突。

生完第一胎後，最辛苦的就是，睡到一半要起來安撫哭泣的孩子，然後換尿布和餵奶。其實，餵奶、清潔和安撫還算小事，但是我不習慣睡到一半被吵醒，然後再睡回去。

後來我去書店找書，並且嘗試讓孩子躺著睡，即使孩子哭也要讓他等待，結果孩子整整哭了三十分鐘。第二本書說背帶在歐洲是熱門商品，只要把孩子背起來就行了。

有的書說讓孩子躺著，有的書說把孩子背起來，有的書說要嚴格管教孩子，有的書說要接納孩子的一切，我完全不知道我該聽哪一種。

在這種情況下，我們應該發揮「認知彈性」（Cognitive Flexibility，指靈活切換思考模式，能因應新環境和變化而改變行為）。

美國哈佛大學（Harvard University）兒童發展中心研究發現，大腦的構建工程（Brain Architecture）能讓孩子具備扎實的執行能力，比起先學習文字或數字更重要。認知彈性是一種執行能力，包括工作記憶、自制力等。這種能力能幫助我們根據情況做出適當的改變，並運用多種方法靈活解決問題。

換句話說，這是一種重新建構知識的能力。

同樣的，在養育兒女的過程中，父母也需要發揮認知彈性，並借助他人的智慧和知識，調整自己原有的信念或教育觀。

也就是說，夫妻應該互相尊重、理解彼此的想法並保持平衡。父母教育方式過於相似時，反而會出現問題。

如果雙親的教育方式都很激烈，雖然孩子很乖、成績也很優秀，卻可能會因為缺乏家庭溫暖，導致情緒不穩。當他用同樣的標準去要求同學時，又會引發其他問題。

相反的，極度慣養也會造成問題。

當孩子們在學校不遵守規則時，有些家長會以孩子難免會犯錯為由，要老師們不要太計較。家庭教育固然要有一致的目標，但我認為學校的多元教育同樣重要，才能彌補家庭教育的不足。

對孩子們來說，所謂的好爸爸是？

某次童書課，讀完安東尼布朗[6]（Anthony Browne）的《我媽媽》（*My Mum*）、《我爸爸》（*My Dad*）等書後，我讓孩子們自由的畫出或寫出會聯想到的東西。其中一位孩子說：「我爸爸是滿福堡。」

他說，每週六早上，他都會和爸爸一起踢足球，結束後一起吃滿福堡。畫中的爸爸露出大大的笑容，孩子的表情也一樣洋溢著喜悅。

在家長諮商中，孩子的媽媽說爸爸很木訥，但孩子似乎完全不那麼認為。孩子說，他爸爸是個好爸爸。

「吃滿福堡的時候，你們會聊什麼嗎？你和爸爸相處時，也會聊很多嗎？」

「沒有，只是吃一吃就走了。」

另一個例子則是，某天在讀繪本《爸爸自動販賣機》（아빠 자판기，書名暫譯），有一位孩子說，他希望爸爸不要回家。

這孩子在每個月提交的**家庭體驗學習申請書**[7]，常常寫到全家一起去露營或飯店度假，而且也很常穿昂貴的名牌衣服、用高級的用品，這讓其他同學羨慕不已。

他還說，爸爸除了帶他去旅行，也很常幫他買東西，但爸爸太可怕了，他只能順著爸爸的意思。有時旅行，爸爸因為開車太累，就不會陪他玩，週末也只都待在家睡覺。

雖然我安慰他，說：「你爸爸一定是工作太累了，他也很抱歉，所以才會每個月帶你去旅行。」然而，孩子卻說他只希望爸爸在家裡陪他玩。

也就是說，並不是買東西、出門旅行、給很多體驗，孩子就會喜歡父母。就算父母沒有表現的很溫柔、物質不夠也沒關係，每週六陪孩子踢足球、一起吃滿福堡，就能讓孩子對爸爸的愛逐漸累積。父母可能會因為沒能提供好的物質條件，而感到遺憾，但對孩子而言，相處的時間就足夠了。

---

6 英國繪本作家。

7 由家長填寫的學習計畫單，由家長帶孩子到外面體驗學習。

比起禁止孩子玩電玩，孩子更喜歡父母一起參與，並幫助他們控制時間。孩子也喜歡父母一起看YouTube、甚至討論影片內容。

光是跟爸爸一起做自己喜歡的事，就能讓孩子感到爸爸的親切；即使在釣魚竿前沒有太多對話，但那段釣魚的回憶，依然能成為讓孩子成長的力量；哪怕只是搭個帳篷，坐在露營椅上看星星，也會成為孩子長大後的回憶。

孩子喜歡溫柔的爸爸，但我知道，父親不一定要經常擁抱孩子、表達愛意，或是帶孩子去好玩的地方、買孩子想要的所有東西。

如果你想和孩子好好相處，不妨每個週末早上，和孩子建立一個約定或慣例吧！

比方說，每個月的第一個星期二晚上，一起看電影；或者每週三晚上，一起玩電玩。如果孩子還小，可以主動提議一些活動；如果正在和青春期孩子修復關係，不妨徵求他的意見，然後一起決定要做些什麼。

這些點點滴滴的累積，終有一天會使父愛穩如泰山。

雖然跟爸爸在一起時什麼話都沒說，但孩子依然覺得爸爸是個好爸爸。或許有時父母真正的角色，就是相信孩子，並在身邊默默的支持他們。

旁觀育兒祕訣

氣哭的孩子跟我們的樣子，其實沒什麼兩樣。

夫妻間的對話，永遠都是孩子們最棒的教科書。

7 你這點真的很像你爸

我的教育觀不可能永遠都是對的。就算在老大身上適用，也可能不適合老二；就算今天是對的，明天也可能不對；雖然有時對孩子很嚴格，但有時又得根據情況改變。在教養方面，父母尤其需要注意這點。

如果媽媽很注重培養孩子的自主性，那爸爸可以偶爾接受孩子的撒嬌。如果父母平時都很嚴格，在拜訪祖父母時，也可以讓孩子度過被寵溺的一天。或是雖然孩子平常都吃健康食物，但偶爾也可以和叔叔一起吃些垃圾食物。即使孩子平時必須自己吃飯、收拾乾淨，但有時也可以由父母餵飯。

活動和睡眠、白天和夜晚、炎熱和寒冷、工作和休息、減肥和破戒日等，世界上的所有事物都需要牽制和均衡。

同樣的，夫妻之間的關係，也會受到子女教育問題的影響。從孩子出生開始，夫妻關係就成了父母關係。與其為了教養問題爭吵，倒不如專注於子女教育。

我希望夫妻能尊重彼此的想法，尤其在子女教育上。如果父母其中一方過於偏向某一方，另一方就應幫忙取得平衡。例如，退一步觀察另一半的意見。尤其是，在責備孩子時，往往很難控制情緒，這時便需要另一半的干預，讓情緒踩煞車。

把老公關進「稱讚監獄」

我老公經常對孩子們說：「妳這點真的很像爸爸，我也吃了很多虧，所以我希望妳能多聽媽媽的話，少走一點彎路。」

身為妻子和母親，我很開心備受尊重，並且慶幸老公能指出問題所在，也很欣慰他的教育或建議對孩子有幫助。每當我在孩子身上看到老公的優點時，我也會毫不猶豫的說出來。

「孩子這點跟你很像，真的太好了。」

「幸虧你這一點很像爸爸，爸爸真的很擅長這件事。」

除了與子女溝通，夫妻之間也需要說些體貼話。**體貼不是給予認同，而是得到對方的理解與認同**。

如果妻子想收到老公送的花束，就親自買花束，然後放在下班回家的老公手中，再讓老公走出門外。雖然也會期待老公主動買花，但是想要收到花時，即使要放低姿態也沒關係，只要拿到花就行了。

當妳看到隔壁桌的老公很紳士的為妻子拉開椅子，妳就假裝椅子不需要拉；如果老公走過來拉開椅子，妳就當作他幫妳拉，然後感激的坐下來；妳可以假裝車門打不開，讓老公過來幫忙開，這時妳就可以優雅的坐進車門並道謝。

「你很感謝我吧？我也感謝你。」

「現在你是覺得對不起我，才這麼做的吧？我都知道。我也很抱歉！」

「天啊！現在是因為我太可愛才笑的嗎？」

「大家都知道你會幫我洗碗。我真是嫁對人了，你把這個洗乾淨，再放進去吧！」

每次我說這些話時，老公都會露出啼笑皆非的表情。

明明是我拜託他，我卻說得像是老公主動幫忙。

有一次，我的生理痛並沒有很劇烈，但確實不方便活動。待洗衣物堆積如山，老公拿著洗衣籃過來，滿臉不悅的打開洗衣機。我想說，既然他都幫忙了，就讓他的心情好一點，我原本還在想是不是該表現出非常不舒服的樣子，後來我傳了一則訊息：

「原來你知道我身體不舒服！我今天因為生理痛，所以有點難受，謝謝你的貼心！」

老公不悅的表情消失得無影無蹤。在老公參加聚餐晚歸的那天，我跟孩子們說：「爸爸也想早點回家，現在他有多想妳們啊？等爸爸回來再抱抱吧！」儘管我內心火冒三丈，但更多了自己成了不錯的妻子、好媽媽的成就感。

偶爾我會想，在和老公的關係中，為什麼我非得先說些好話？為什麼只有我要忍耐？有時還會因此生氣，但我必須為了孩子與老公，建立良性的溝通。

而在表達情緒方面，韓國藝人姜珠恩的《我來告訴你》（내가 말해 줄게요，書名暫譯），這本書帶給我很大的幫助。

每當我怒氣未消或滿腹委屈時，我就會翻開這本書。我老公也開始練習表達自己的情緒，不再拐彎抹角，好處是他開始會對我說：「老婆真的很棒！我現在真的很幸福、很開心！」、「妳這樣講，讓我的心情很差。」

事實上，每天忙育兒、忙工作，夫妻之間很難好好說話。如果希望聽到對方講，就告訴對方吧！原本可能會因一句話而點燃的大戰，說不定連火種都沒點燃就熄滅了。因為很多激烈衝突，有時用一句話就能輕鬆化解。

我經歷十四個小時的陣痛，剖腹生下了孩子。在整個過程中，都是老公照顧我，住院期間我無法洗澡時，也都是由老公處理所有大小事。

或許隨著年紀增長，（雖然最好不要發生）往後可能會遇到大小便無法自理的情況，一想到只有老公能幫忙時，就覺得現在為了爭一口氣、因幾句話起爭執的我十分可笑。

「親愛的！原來你是為了我而做的啊！謝謝！」

旁觀育兒祕訣

「親愛的！原來你是為了我而做的啊！謝謝！」

8 應付長輩難聽話的方法

「妳只有兩個女兒嗎？第三個要兒子才有用！再生一個！要有兒子才行！」

「奶奶，妳說的對！我本來也想生一個兒子，但我擔心老三也是女兒，所以只生兩個。」

「對耶！我也是三個都是兒子，怕第四個孩子也是兒子，才沒有再生！」

「哎喲，我都只生女兒！」

只要我帶著兩個女兒出門，長輩都會說這種話。剛開始心情很差，要不敷衍回應，要不說：「兩個女兒也很好。」但不知從哪一天開始，我換了一個回答方式。心態改變後，答覆就不同了。

一到盛夏，大人們就會說：「孩子的媽！孩子的腳會著涼，幫她穿襪子吧！」、「孩子穿這麼少，媽媽就帶她出來啊！[8]」

當孩子哭鬧不停讓我束手無策時，長輩就會冒出一句：「孩子是餓了才哭，媽媽怎麼都不餵？」、「哎喲，怎麼讓孩子在外面哭。媽媽真差勁！」

我在這一刻彷彿就變成了差勁的媽媽。

路上的陌生人就算了，但問題是我媽和婆婆，當我在幫孩子建立睡眠習慣，讓他躺下時，媽媽和婆婆就會生氣。

「妳以為孩子會像書上說的那樣長大嗎！趕快抱他！」

「妳應該要餵母乳。」

「孩子在喊餓，他要什麼就給他什麼！何必拿食物大做文章？他想多吃才哭的嘛！」

8　譯注：作者因為夏天較熱，所以沒有讓孩子穿襪子，但一般韓國人的習慣是夏天也會穿襪子配涼鞋。

「哎喲，這麼小的孩子練什麼抬頭，還要他趴著受罪？」
「髮帶會讓孩子頭痛，幹麼給孩子戴髮帶？」
「孩子很累，別再讓他走了。趕快抱他！」
「吃一點糖果不會怎麼樣，妳太固執了！」
「孩子會冷，暖氣調強一點。」

撫養兩個孩子時，聽到的長輩嘮叨多到足以寫出一本長篇小說。在無法入睡、因育兒壓力而極度疲勞的狀態下，聽到這些話的確會生氣。聽有後援的朋友們說（對於自己帶小孩的我來說，非常羨慕），因為和長輩的育兒方式不同，所以經常會有衝突。

不過，自從我改變心態後，不悅的心情也就沒有持續太久。

有句話說：「良藥苦口，良言苦心。」就像我們罵孩子時會說：「我都是為你好！」雖然這些善意聽起來很刺耳，但我決定接受這些好意，而非糾結於表面上的意思。

以前老大常哭著說不想上幼兒園，現在升上小學後，她會對妹妹說：「上幼兒園很好了，妳只要玩就好。妳來上小學看看，真的很辛苦。」正值小學高年級的侄子對低年級的老大說：「我喜歡一年級，到了五年級真的很累。」有些事情，只要過一段時間就會懂了。孩子們也是一樣。

我在婚前和婚後定義「好男人」的條件不一樣；只生一個孩子跟生了兩個孩子的心態不一樣；舉辦母親葬禮之前和之後的心情不一樣；未婚時當教師的心情和為人父母後當教師時的心情也不一樣。比我多活一倍的長輩們，難道心情會跟我一樣嗎？

應付難聽話的方法

即將臨盆的產婦無法好好坐著，也無法好好躺著，整夜都在廁所進進出出，根本睡不好，如果對孕婦說：「孩子還在肚子裡的時候，最輕鬆了！」或是說：「孩子哭得再厲害，也比不上三歲小孩豬狗嫌。」這就跟那個叫我一定要有兒子，所以要生老三的長輩沒什麼兩樣。

也許路人長輩是自己有所遺憾，所以好言相勸，希望年輕的媽媽不要後悔。這樣想之後，就只要說：「是啊！我沒有兒子，真可惜！」或「哎呀，是的！我是個壞媽媽，對吧？」然後一笑置之。

有次我買了在法國很難買到的昂貴紅豆麵包，裡面有三個，說好兩個女兒各吃一個，剩下的分一半來吃。雖然我沒表現出來，但是我對女兒們相當失望，竟然都沒有人問一句：「媽媽要不要吃一口？」一邊覺得她們還小，一邊又很失望。

不過，一想到四十歲的我們整天只顧著自己的孩子，父母應該也會對我們失望吧？我忘不了婆婆看著一向愛乾淨的老公，把女兒咬過覺得太硬而吐出來的蘿蔔菜放進嘴裡時的表情。

「是啊！媽媽，以前我們也是隨便吃，但現在也長大了，對吧？最近出了很多很健康的東西，所以媽媽想吃零食的時候也嘗嘗看吧！我買了孩子的，也買了媽媽的。這是有機的，對身體有益，對健康也有益。」

「是啊！媽媽，我也很想餵母乳，但這次我去醫院檢查，醫生說餵母乳會讓我的骨質疏鬆症更加惡化，所以我才決定不餵的。話說回來，媽媽以前怎麼能都餵母乳？真的太厲害了。」

「我小時候也常看電視，不過在我們一邊看電視的時候，媽媽會念故事書、會陪我念書，也會在我看太多電視時教訓我……所以我才能長大。現在的孩子因為整天都在看 YouTube 影片，很難培養自制力。如果媽媽能多注意這點，我覺得孩子會比我更好，請媽媽多幫忙了。」

「以前的媽媽真的很厲害！我生完小孩才知道，每次孩子喊餓就餵奶有多累。但是，連我這種年輕人都很累了，所以我希望媽媽能自在一點，只在吃飯的時候照顧孩子就好，其他時間希望媽媽能多休息。孩子餓了算什麼，我只希望媽媽不要太辛苦。」

讀懂孩子的心固然重要，但我希望大家也能讀懂媽媽的心。看著自己的孩子在養育孩子時，媽媽的心情又是如何呢？

我每天認真做孩子的副食品，卻在媽媽與病魔纏鬥時，連一頓飯都沒能好好準備，所以我每次煮飯都會想到媽媽。

這成為了我的遺憾。如果現在媽媽就在身邊，我想我會把每天照顧孩子的一部分心意，拿來理解我的媽媽。

旁觀育兒祕訣

照顧孩子固然重要，但讀懂長輩的心也很重要。

9 很多事，媽媽也是現在才知道

看到電視上那些天才跳級提前畢業，還能同時考上大學，真的很令人羨慕。有些人因為有藝術天分，所以父母全力鼓勵並支持他們；還有，那些年紀輕輕就獲得成功的藝人，父母該有多開心啊？

我也想盡快找出孩子的天賦，但如果看不到特別的才能，至少希望他能好好念書、考上好學校。

我在三十三歲時突然想寫作，以前從沒想過要成為作家，也沒想過要出書。但我會在哄孩子睡覺後，日以繼夜的寫，彷彿出書是我的畢生志願一樣。就這樣寫了幾年後，我的第一本書終於問世，孩子們問我，我是否從小就想當作家。

「媽媽到了三十三歲才知道，原來我想出書。」

除此之外，還有很多事是長大後才知道。

例如，用過的碗不泡在水裡會很難洗；今天懶惰會讓明天加倍辛苦；不要太在意別人的目光；年齡只是數字，學習也要看時機；如果只追求眼前的小幸福，就會錯過以後的大幸福；每個人一天都只有二十四小時；就算講到耳朵長繭也沒用，但孩子們總有一天自己會明白。

儘管我們都希望子女不要走冤枉路，可是孩子們仍然必須靠自己去經歷一切，所以我知道放任不管也沒關係，孩子們終究會了解自己喜歡、擅長什麼。

「媽媽！希望我成為什麼樣的人？」

「老師，我不太清楚我的優點是什麼。」

「老師，我沒有什麼專長。」

在孩子缺乏自信的言語中，我能感受到他們想要找出自己的優點。所以，我會告訴孩子們，現在找不到優點也沒關係。早點發現天賦固然很好（前提是要找到），不過，有時慢一點找到的專長，會讓人更加耀眼。雖然現在做不到，但以後一定能做到。有些專長可能不是自己喜歡的；有些事自己雖然喜歡，卻可能沒有天分；有些才能是老師和媽媽發現的，而有些才能則是機會來了，孩子自己才發現。

所有父母都一樣，都希望孩子能早點找到屬於自己的出路，少吃點苦，然而，我還是不想操之過急，於是穩住內心，並對孩子說：「現在還不知道也沒關係，但是努力總會找到。媽媽可是活到了三十三歲才找到！」

旁觀育兒前，先問孩子們

「好，從今天開始，媽媽會開始旁觀育兒，你們自己看著辦！」

「從今天開始，我會取消所有的補習班，讓你們在家裡多玩一點，我也會開始旁觀育兒。」

有些父母會突然停掉所有孩子正在上的補習班。如果一下子突然改變一切，或許媽媽會覺得輕鬆，但孩子們卻會很混亂。就像在爬山時還不知道該走哪條路，結果登山步道突然消失一樣。育兒最重要的就是孩子，如果父母都沒有徵詢孩子的意見，就突然改變養育態度，孩子會變得怎麼樣？

在突然變得寬鬆的界線中，孩子們會感到混亂、不知所措。我經常收到讀者的提問：「現在孩子已經高年級，是不是太晚了？」如果連現在才十歲左右的孩子，父母都覺得太晚，那任何時期應該都不適用。然而，就在我說現在還不晚時，不少家長就突然把一切交給孩子們去做。

「孩子不喜歡念書，也念得很累，只要讓他自己念書就可以了嗎？」

「我決定讓孩子自己吃，結果孩子不是把食物放進嘴裡，而是用扔的，這樣繼續不理他沒關係嗎？」

「你自己去找、自己解題。從現在開始，全部都由你自己去做。」

如果是這種方式，可能會讓孩子無所適從。**重點不是放任他去做或全部都幫忙做，而是要跟孩子們談論什麼是「最」難的，然後家長能幫忙什麼、孩子該如**

何自行解決。

換句話說，大人應該要徵求孩子們的意見。例如：「你想要換個學習方式嗎？」、「在學習上，有需要幫忙的嗎？」

父母怎麼教？聽聽孩子的意見

「你希望媽媽改變哪些地方？」

「你希望爸爸換哪個方式說？」

持有批判性視角並不是要批判別人，而是檢視自己的行為、思考方式。在親子關係中，需要父母不斷檢視教育方式是否適合孩子，並透過溝通和改變，來做彈性調整。所以，請問問孩子，不要一味的叫孩子改變，而是要致力於一起改變——重點是彼此的對話。

「媽媽會試著改進，希望你也能在這方面努力。」

旁觀育兒祕訣

現在找不到優點也沒關係。

早點發現專長固然很好，不過，有時慢慢成熟後找到的專長，會讓人更加耀眼。

10 妳的名字不是「孩子的媽」

如果育兒是一種幸福，育兒這件事就值得去做。

我總是以自己的幸福為優先，所以無論做什麼事，我幸福就是保本，如果孩子們也幸福，那就是賺到了。倘若做任何事都是為了孩子，一旦孩子不喜歡，我就會心情不好。

不過，如果我是為了自己而做，即使孩子不喜歡，我的態度也會是「不喜歡就算了」。

換句話說，我是為了幸福才生孩子，所以育兒並沒有讓我不幸福。

不過，來到法國後，我看到那些外國媽媽，在跟我完全不同的育兒世界裡優雅的生活。對於從小在韓國長大並養育孩子的我來說，還有很多挑戰需要克服。其中，法國的育兒態度就有許多值得學習的地方。

某次老公的公司舉辦年末派對，只有大人可以出席。外國同事問老公是否可以參加派對，老公以家裡有孩子婉拒，結果某位有兩歲女兒的同事就建議老公找保姆。韓國人會認為，將孩子託付給別人、自己外出會有罪惡感，而且還是在晚上、交給陌生人？父母只是為了參加年末聚會，就把孩子交給保母？

法文課班上的一位外國媽媽，她兒子剛滿一歲，我很好奇平常是誰在照顧孩子，結果她說當然是交給保母，我對這件事很驚訝，也對孩子才剛滿一歲，媽媽卻一臉容光煥發、沒有任何一絲疲憊而感到驚訝。

猶記得那個時期的我整天追著孩子跑，外出要背媽媽包、推嬰兒車、帶一大堆尿布，然後頂著一頭油膩頭髮，穿著拖鞋和運動服。當時，能外帶一杯咖啡就謝天謝地了。

一位外國媽媽說他們家老二已經三歲，自己上了三年的課，不久前被法國公司錄取。我也聽說老公的同事們會提早下班，讓妻子晚上去運動。每到放假，就會在旅遊景點看到很多爺爺、奶奶帶孫子出門旅行。除了長輩很開心能陪孫子玩，夫妻倆也能利用時間獨處。我說，在韓國如果爺爺、奶奶參加，全家人就要一起去，他們反倒非常驚訝。

我曾以為，外表越窮酸，代表我對孩子付出越多，我甚至覺得沒洗頭、隨便抓件連身裙外出也沒關係，可是從外國媽媽們的育兒態度：不受二十四小時育兒的限制，媽媽可以休息、注重健康，並且好好照顧自己，我學到了尊重孩子的生活，也要尊重自己生活的態度。

妳的名字不是「孩子的媽」

孩子升上小一後，很多媽媽會放棄自己的工作。不過，除非工作太累，否則我建議媽媽不要因為孩子而放棄工作。有人會問職業婦女和全職媽媽的孩子有沒有差，確實有。

職業婦女的孩子們下課後會去課後班，全職媽媽的孩子們則是在放學後直接回家，但這個差異只有在一、二年級，到了三年級就幾乎分不出來。低年級的孩子們甚至還會很可愛的抱怨說，他們羨慕那些能在課後班吃零食、玩玩具的孩子們，並問為什麼自己不能去課後班。

很多職業婦女在孩子一、二年級時，會因為不能親自照顧孩子而愧疚，但孩子們其實比大人想的還獨立、勇敢。如果能擔任導護媽媽或參加母姊會當然很好，但不能參加也沒關係。

想要珍惜和孩子相處的時間固然很好，暫時休假或辭職，完全投入在孩子身上的生活也很有價值。無論做什麼，只要能做出成果就好。以我自己來說，因為我討厭重複一直做同樣的事，所以真心尊敬那些持續打理家裡、為孩子們和家人奉獻，即使沒有人指使，也能善用時間、健康生活的媽媽。

不過，如果妳想要找回自我，不妨放手嘗試看看。倘若什麼都不開始，很容易失去自己。

希望妳能好好經營自己的生活。每個人有各自的育兒方式、生活習慣，對方也有值得學習的地方。即使妳覺得自己太懶、做不來，只要妳開始想找回自己的名字，就立刻開始吧！

光憑意志力是不夠的，需要改變環境，並且付諸行動。

例如：購買課程、參加小型聚會、報名補習班、建立社群帳號，或是和朋友們一起聚會。當生活變得繁忙時，就不會整天為孩子們操心。

這方法不僅能減少嘮叨、使自己成長，也能成為孩子們的好榜樣。原本只是在家裡煮飯、洗衣服、做家事，在家和學校之間過著有如倉鼠跑滾輪般生活的我，現在正坐在法國的某間咖啡廳裡寫作。若不是在書店讀了寫作書、打開電腦，這一切都不會開始。

剛開始我也覺得自己沒有時間、沒有體力，肯定做不來，不過在老公的建議下，我將鬧鐘設定在清晨四點半，早起做些有趣的事。還有，也可以經營Instagram，或是在網路上搜尋自己的興趣。

他還說，如果一開始目標設定太高遠很容易失敗，建議我先從興趣開始做起，我便利用凌晨時間做些自己想做的事，同時繼續維持平常所有的生活，凌晨的兩個小時就成為新生活的起點。

如果我好好過日子，孩子們自然就會好好長大。即使孩子沒有成為什麼了不起的人，我認為只要現在努力充實自己，就能留給孩子很多，無論是知識、智慧，還是金錢。於是，我決定學習。

旁觀育兒祕訣

我是為了幸福才生孩子，所以育兒並沒有讓我不幸福。

旁觀育兒技巧

照顧好自己，才能照顧好孩子

心情要好才能對孩子說好話，但問題是生氣時很難保持平常心。在怒氣爆發的那一刻，我會立刻想到書上提到的對話或方法。然而，可想而知，我不可能從頭到尾都照說，例如：「可是媽媽想過了，這樣是不是有點過分了？」反而經常怒不可遏。

我們不是機器，也不是機器人，不能每次都保持平常心。

根據美國猶太裔人本主義心理學家亞伯拉罕・馬斯洛（Abraham Maslow）的需求層次理論（Maslow's hierarchy of needs），滿足基本的生理需求（Physiological needs）和安全需求（Safety needs）後，孩子們才會萌生想學習的念頭，媽媽也是一樣。替孩子準備上學、張羅早餐、收拾亂七八糟的衣服，但孩子卻一臉平靜。

在這種情況下，如果昨天還和老公吵架，就不可能對把飯含在嘴裡的孩子說出好話。只要沒說「我上輩子是欠你」，那就是活佛了。

這種時候，應該在送孩子上學後和其他媽媽碰面。一起去咖啡廳，用咖啡和美味的甜點滿足生理需求後，聽鄰居媽媽抱怨，滿足安全需求、愛與歸屬需求（Love and belonging needs）。這麼一來，就會產生自我實現需求（Self-actualization needs），也就是成為好媽媽。

在不能馬上洗澡、沒有準備好衣服的情況下，要是又餓又累，就應該先吃飯、睡覺。如果看到好食物，就要吃最好吃的；如果有喜歡的事，即使減少孩子的補習費，也要投資在自己身上。跟朋友見面、享受休閒娛樂、閒話家常，來滿足生理需求和自尊需求（Esteem needs）吧！

這麼一來，自然就會想要成為好媽媽。從呼喚孩子的嗓音開始就不一樣了。在我有好心情、感到幸福時，總是會對孩子說很多好話。只要現在的我很幸福、有閒情逸致，無論孩子做什麼，我都會說出好話，甚至也會睜一隻眼、閉一隻眼。

在孩子們三、四歲之前，我都過著放棄自我的生活，因為我無法擁有屬於自己的時間。一直到孩子長大後，我才稍微有了一點餘裕。而當我想要先照顧自己時，對待孩子就有了更多餘裕。

先照顧好自己，才能照顧好孩子。

孩子開始上幼兒園後，媽媽至少可以在家自我放逐幾個月，安撫這段時間因育兒而日夜疲憊的身體；好幾年沒能好好睡覺，累積的疲勞肯定會席捲而來。

相反的，在無法好好照顧自己、不愛自己的情況下，勉強照顧子女、養育孩子成了一種犧牲。

然而，沒有任何一個孩子希望父母犧牲。就像我們希望孩子們幸福一樣，孩子們也希望父母幸福。

在養育孩子的過程中，不要忘記愛自己、照顧自己。

不管過去你是在什麼樣的環境下成長、在什麼樣的父母身邊成長，我們都有資格擁有幸福，請不要讓過去的自己，影響現在的幸福。

儘管我天性懶惰、體力有限，我也開始為了照顧自己，而做出改變。久而久之，我不僅能在清晨寫作，對孩子們的怒氣也減少了。

如果設定大目標，如清晨起床讀書、運動等，很可能會失敗，不妨先建立走路、讀書、整理五分鐘，這類小目標並養成習慣。

五分鐘的力量會像複利一樣不斷累積，成為讓自己成長的原動力，而你也會和孩子們一起成長。

1. 早上起床後，多花五分鐘

花五分鐘刷牙、洗臉、維持端正的姿勢，這樣身體就會有活力。雖然我很清楚早上很難擠出五分鐘，但是為了自己，這五分鐘甚至會改變一整天。

在五分鐘內刷牙、洗臉，然後敷一片面膜。即使時間上沒有餘裕，內心也會有餘裕，對孩子們生氣的次數也會減少到七次至八次。

2. 開始整理五分鐘

現在就用視覺倒數計時器（或手機計時器）設定五分鐘，開始清掃或洗碗。

你會發現能做的比你想的還多。比方說，在還是職業婦女的時候，早上要準備上班，還要幫孩子們準備早餐。下班看到家裡亂七八糟就會生氣，所以我會在清晨或晚上把孩子交給老公三十分鐘，趁這段時間整理一個抽屜。

就這樣，房子一點一點整理好後，我心裡就輕鬆多了。

3. 創造自己的空間

開車送孩子上學後，我會在車裡待上一、兩個小時，就像老公進廁所後不會馬上出來一樣。家裡連一點屬於我的空間都沒有，我卻要收拾這亂七八糟的房子，所以我非常**珍惜什麼都不用做的時間**。

在家裡創造一個自己的空間吧！一張小書桌或漂亮的桌子也可以，擺一朵喜歡的花在桌上，坐在桌子前做什麼都無妨。

現在就在家裡視野最好的地方，或者看不到任何家事的地方放一張小桌子吧！孩子用過的小書桌也不錯。然後鋪上漂亮的桌布，喝一杯咖啡。

好好照顧自己，會讓你有更多餘裕對待孩子。

4. 利用社群功能

家事和育兒是沒有獎賞、如倉鼠跑滾輪般無止境的作業。雖然不做也沒有人會說些什麼，但是不能不做，所以非做不可。

我比較喜歡 Instagram，只要有手機、照片、簡單的文字就可以開始經營。把我擅長或不擅長的事上傳到社群上，這些作業就會成為愉快的作業。

也可以運用網路社群舉辦小型聚會，或是加入媽媽社群、社群平臺中的聚會。媽媽太忙了，不妨藉由參加媽媽團體，訓練自律能力。

結語 只要我好好生活，孩子就會好好長大

當年和哥哥吵架、穿著內褲被趕出家門的朋友；當年和姊姊吵架後，被媽媽綁在瓦斯桶上的朋友[1]；當年因為太沉迷電玩，所以滑鼠和鍵盤都被媽媽帶去上班的朋友，現在大家都成了孩子的爸媽。

我們是被罵大的一代，雖然沒能聽到溫柔接住自己的話，但大家現在都過得很好。

除非是真的有問題的父母，否則偶爾在孩子面前犯錯、責備孩子等，這一切不也讓生活變得更加有趣、豐富嗎？

1 危險行為，請勿模仿。

即使是在不完美的父母的陪伴下，我也成長得很好，就像正在讀這本書的你一樣。所以，我希望大家在養育孩子時，不要為了做到面面俱到而太操心。

現在已經做得很好了！

「都是因為我教得不好。」、「都是因為先生不好。」

當我愛上自己的樣子，也愛上從孩子身上看到我的樣子，即使看到像我一樣的問題行為也沒關係了，我開始打消了這些負面念頭。

我想，只要我好好生活，孩子就會好好長大。

我想像著二十年後的我，即將邁入六十多歲，和三十多歲的孩子。我終於不再因一些小問題而焦慮。

「在這裡不能失去自我。當你忙著煮飯、接送孩子，像倉鼠跑滾輪一樣不停打轉，就會懷疑自己現在到底在做什麼。這樣一來，你會變得很辛苦。所以，一定要為自己做點什麼，才能長久愉快的生活。」

早我幾年來法國的朋友說，在超市買菜、這個社區有什麼東西等，這些住久了就會知道，但是不會有人跟我說「不能失去自我」，所以他一定要說。

不僅僅是法國人的生活才那樣。在韓國，孩子滿三歲左右就會送到幼兒園，這麼一來，就會有時間了，不是以媽媽的身分，而是屬於自己的時間。

從這時起，就要努力尋找之前短暫失去的自己。

「媽媽長大想要當什麼？」想當美髮師的老二問我長大想當什麼。本來我想說媽媽現在已經長大了，但我開始好奇——是啊，如果比現在再大一點，那我要當什麼？

面對孩子的提問，我決定要成為更好的大人，我要成為健康漂亮的奶奶，然後跟孩子們一起變老。等到孩子六十歲時，我要在孩子的慶生會上說：「妳在五歲時曾問我長大後要當什麼，那現在六十歲的妳，長大後想當什麼？」

「別想著要把兒子送到一流大學，請媽媽自己去讀一流大學。」電視上的這句話，改變了我的生活態度和育兒方式。

我不會叫孩子們要實現夢想，而是我自己努力去追求夢想，因為我希望孩子

們到了三十至四十**歲時，也能成為不放棄自己名字的爸爸、媽媽**。這就是雖然我很懶惰，卻為了生活不斷努力的原因。原本老公希望我能把重心放在家庭，但是他後來也支持我繼續挑戰夢想，第一個原因是為了我好，第二個原因是希望女兒們也能這樣成長。

我想成為孩子們眼中的幸福母親，而不是別人眼中的好母親；而我也希望孩子們在遙遠的將來，也能成為這樣的父母。

「這時到底該對孩子怎麼說？」這些事已經不重要了。請和孩子一起成長並停止碎唸。

附錄 旁觀育兒的對話練習

教是非對錯

「也許你覺得那是對的，但你不能直接說出來。」

「雖然你想那樣做，但與大家相處時，那樣做並不合適。」

「你說，你不想做，但是現在去做才是對的。」

「媽媽希望你能成為一個正直的人，不僅是為了朋友，也是為了家人。」

教禮貌

「不可以沒有禮貌。」

「你要遵守規則。」

讓孩子自己看著辦

「不行就說。」、「有什麼需要幫忙的嗎？」

「你自己看著辦！」

「那是你的身體，不是我的身體。」

「自己去裝水。」

「要吃水果，自己洗來吃。」

「自己拿衛生紙擦。」

「在冰箱最下面那一格。」

「好啊！你去問問看要怎麼做，自己想辦法。」

「我不知道你放哪，你自己認真找找看。」

打開話匣子的話

「最近有沒有遇到什麼煩惱？」

「今天哪件事情令你難過？」

守住孩子界線的話

「對，那是你的。」

「盤子裡的食物是媽媽的！」

鼓舞勇氣的話

「失敗也沒關係。」

「先試一試，不行的話，不做也沒關係。」

「如果做不到，想放棄也沒關係！」

「光是嘗試就已經很棒！」

「吃不完也沒關係。」

「做不好又如何？做得不好也沒關係！」

「那又怎樣？哪有什麼奇怪的？」

偶爾像送禮物一樣，對孩子說些好話

「今天不要去補習班了，和媽媽一起出去玩，好不好？」

「今天提早放學耶！要不要和爸爸一起去遊樂園？」

「我們今天先休息吧！明天再繼續努力！」

提高孩子的專注力

「我們去外面走一走吧！」

「在規定時間內完成後，回家就可以開心的玩。」

幫助孩子念書

「你想要換個學習方式嗎？」

「在學習上，有需要幫忙的嗎？」

與孩子交流

「哇！這幅畫旁邊加點什麼會更好呢？」

「上色後應該會很好看吧？」

「你希望媽媽改變哪些地方？」

「你希望爸爸換哪個方式說？」

「媽媽會試著改進，希望你也能在這方面努力。」

「你一定很傷心。」

讓纏著你要你買東西的孩子冷靜下來

「哇，看起來真的很好吃，媽媽也想吃耶！」

「你一定很想吃！」

「媽媽也想買，但沒辦法買給你，對不起。」

「待會跟媽媽一起吃好料，好嗎？」

「媽媽也想買！」

「媽媽現在也想喝冰咖啡！」

讓孩子有不舒服經驗

「現在買棉花糖來吃，手黏黏的會很不方便。這樣你還要吃嗎？」

「這個看起來不好吃，你可以接受嗎？」

讓孩子收拾玩具

「把積木都裝在這裡。」

「這裡面只能裝垃圾。」

勸阻孩子

「不行這樣，下次再做吧！」

「哭是很正常的，但是我們不能大吼大叫。」

培養孩子的同理心

「任誰都會有那樣的一天。」

「媽媽現在太睏了，再睡半個小時就起床。」

「媽媽現在很忙，等我一下。」

對寫字潦草的孩子說

「你可以再寫一遍嗎？只要寫這部分就好。」

「我們盡量寫漂亮一點吧！」

對反覆犯錯的孩子說

「要是別人以為你算錯了，那就太可惜了，對吧？這次要好好寫。」

「你只要花心思解這題就行了。」

國家圖書館出版品預行編目（CIP）資料

法國媽媽的旁觀育兒：韓國 470 萬父母的育兒導師，示範「不插手」教養，遲到、依賴、不讀書、講不聽、無禮……迎刃而解。／崔銀雅著；葛瑞絲譯. -- 初版. -- 臺北市：大是文化有限公司，2024.11
304 面；14.8×21 公分. --（Style；97）
譯自： 엄마는 아무 말도 하지 않을 거야
ISBN 978-626-7539-14-9（平裝）

1. CST：子女教育　2. CST：親職教育

528.2　113011632

Style 097

法國媽媽的旁觀育兒

韓國 470 萬父母的育兒導師，示範「不插手」教養，
遲到、依賴、不讀書、講不聽、無禮……迎刃而解。

作　　者｜崔銀雅
譯　　者｜葛瑞絲
責任編輯｜黃凱琪
校對編輯｜陳映融
副總編輯｜顏惠君
總 編 輯｜吳依瑋
發 行 人｜徐仲秋
會 計 部｜主辦會計／許鳳雪、助理／李秀娟
版 權 部｜經理／郝麗珍、主任／劉宗德
行銷業務部｜業務經理／留婉茹、行銷企劃／黃于晴、專員／馬絮盈、助理／連玉、林祐豐
行銷、業務與網路書店總監｜林裕安
總 經 理｜陳絜吾

出 版 者／大是文化有限公司
臺北市 100 衡陽路 7 號 8 樓
編輯部電話：（02）23757911
購書相關資訊請洽：（02）23757911 分機 122
24小時讀者服務傳真：（02）23756999
讀者服務 E-mail：dscsms28@gmail.com
郵政劃撥帳號：19983366　戶名：大是文化有限公司

香港發行／豐達出版發行有限公司 Rich Publishing & Distribution Ltd
地址：香港柴灣永泰道 70 號柴灣工業城第 2 期 1805 室
Unit 1805, Ph. 2, Chai Wan Ind City, 70 Wing Tai Rd, Chai Wan, Hong Kong
電話：21726513　傳真：21724355
E-mail：cary@subseasy.com.hk

封面設計／鄭婷之
內頁排版／顏麟驊
印　　刷／鴻霖印刷傳媒股份有限公司

出版日期／2024 年 11 月初版
定　　價／新臺幣 420 元（缺頁或裝訂錯誤的書，請寄回更換）
I S B N／978-626-7539-14-9
電子書ISBN／9786267448892（PDF）
9786267448908（EPUB）